CLV

Markus Blietz

Jenseits der Formeln

Ein Physiker findet Gott

CLV

Soweit nicht anders vermerkt, sind die Bibelzitate der Elberfelder Übersetzung 2003, Edition CSV Hückeswagen, entnommen.

1. Auflage 2026

Christliche Literatur-Verbreitung e. V.
Ravensberger Bleiche 6 · 33649 Bielefeld
www.clv.de

Bei Fragen zur Produktsicherheit erreichen Sie uns
über gpsr@clv.de oder auf dem Postweg.

Satz: EDV- und Typoservice Dörwald, Steinhagen
Umschlag: Lucian Binder, Marienheide
Druck und Bindung: CPI books GmbH, Leck

Artikel-Nr. 256717
ISBN 978-3-86699-717-2

Inhalt

Kapitel 1 – Die Vorgeschichte 7

Kapitel 2 – Die Bekehrung 16

Kapitel 3 – Ein neues Weltbild 24

3.1 Falsche Behauptungen 24

3.1.1 »Die Aufklärung hat uns vom primitiven Weltbild der Bibel befreit.« 25

3.1.2 »Glaube und Wissenschaft sind Gegensätze.« 28

3.1.3 »Es ist bewiesen, dass die Welt viel älter als circa 6000 Jahre ist.« 33

3.1.4 »Die Welt entstand durch den Urknall und nicht durch Gottes Wort.« 41

3.1.5 »Neandertaler und andere Übergangsformen beweisen, dass der Mensch durch Evolution entstand.« 42

3.2 Der Öffentlichkeit vorenthaltene Informationen 44

3.2.1 Es findet Degeneration statt, keine Evolution. 44

3.2.2 Die darwinistische Evolution funktioniert nicht einmal theoretisch. 46

3.2.3 Es gibt keinen »Baum des Lebens«. 48

3.2.4 Sogar die einfachsten Lebensformen konnten nicht von selbst entstehen. 50

3.2.5 Die Auferstehung von Jesus Christus ist eine historische Tatsache. 51

3.3 Die Wahl zwischen Naturalismus und biblischem Weltbild ist eine persönliche Entscheidung. 56

Kapitel 4 – Ein neues Leben 58

4.1 Freude an der Schöpfung 59

4.2 Freude darüber, den Sinn des Lebens gefunden zu haben 60

4.3 Freude an der neu gewonnenen Familie von Gläubigen 62

4.4 Freude an der Freiheit 63

4.5 Freude an Gott 64

Kapitel 5 – Und Sie? 66

Weiterführende Literatur 73

Zum Autor 77

Kapitel 1 – Die Vorgeschichte

Als ich fünf Jahre alt war, nahm mich mein Vater immer wieder mit zum Drachensteigen. Es war kein gewöhnlicher Drachen, sondern ein »Sturmdrachen«, der nur bei Sturm flog. Er war sehr stabil gebaut und hatte Metall- statt Holzverstrebungen. Wenn der Drachen dann in der Luft war, fest an dem Seil zog und laut knatterte, war ich immer wieder erstaunt darüber, dass er trotz seines Gewichts flog. Eines Tages fragte ich meinen Vater, wie sich der Drachen in der Luft halten könne. Er antwortete mir:

»Das lernst du alles später in der Schule.«

Diese Antwort war zwar nicht das, was ich erwartet hatte, aber mein Interesse für die Naturwissenschaften war geweckt!

Ich kam in die Schule, doch die Physik des Drachensteigens lernte ich dort nicht. Das änderte sich auch nicht, als ich aufs Gymnasium kam. Der Unterricht war meist eher langweilig und ging mir nicht tief genug. Anstatt den Forschergeist zu wecken, sagten die Lehrer oft nur, dass die Dinge eben so seien, wie sie sind. Was ich in der Schule nicht lernte, versuchte ich, mir mithilfe von Experimentierkästen zu den Themen Elektronik, Physik und Chemie anzueignen. Ich hatte auch ein eigenes Newton-Spiegelteleskop, mit dem ich nächtelang die Sterne, den Mond und die Planeten beobachtete und genaue Aufzeichnungen über die Bewegungen der Jupitermonde und die Sonnenfleckenaktivität machte. So erwarb ich die Fähigkeit, mich in unterschiedlichste Themengebiete selbst einzuarbeiten.

Eines Tages in jener Zeit brachte mir mein Vater ein Jugend-Sammelalbum von der Tankstelle mit, das mich faszinierte. Es trug den Titel »Sternstunden der Erd- und Weltgeschichte« und stammte von Michaela Zechmeister.[1] Es enthielt Platzhalter für zahlreiche farbige Bilder, die man einkleben konnte. Jedes Mal, wenn mein Vater tanken gewesen war, hatte er neue Bilder dabei. Oft waren es Bilder, die ich schon hatte, sodass ich lange warten musste, bis das Buch vollständig war. Das Buch erklärte, dass sich unsere Sonne und die Planeten unseres Sonnensystems aus einer Wolke aus Wasserstoff und Helium gebildet hatten. Die junge Erde war zu Beginn noch glühflüssig, kühlte dann aber ab, sodass sich ein »Urmeer« bildete, in dem eine »Urzelle« entstand. Durch Evolution entstanden nacheinander die Fische, Amphibien, Reptilien, Säugetiere und schließlich – aus Halbaffen – der Mensch. All das begann vor mehr als einer Milliarde Jahren.

Anschließend beschrieb das Buch die weitere Entwicklung der Menschheit, von den antiken Hochkulturen bis zum Weltreich Alexanders des Großen und des Römischen Reichs. Es endete mit der Geburt von Jesus Christus. Durch den weitgespannten Bogen – von der Entstehung unserer Sonne und unserer Erde bis hin zu nachprüfbaren geschichtlichen Ereignissen – entstand bei mir der Eindruck einer realen Beschreibung der gesamten Erd- und Weltgeschichte.

Wie damals im katholischen Bayern üblich, lasen wir im Religionsunterricht noch in der Bibel. Dabei entdeckte ich auf den letzten Seiten der Bibel eine Chronologie der Welt. Demzufolge war die Welt circa 6000 Jahre alt. Das stand in offensichtlichem

---

1 Michaela Zechmeister, *Sternstunden der Erd- und Weltgeschichte*, Spreitenbach (Schweiz): Gloria Verlag, 1971.

Widerspruch zu dem Buch, das ich von meinem Vater bekommen hatte.

Während ich mit diesem Problem rang, sah ich eines Abends eine Schwarz-Weiß-Fernsehsendung, in der zwei Gruppen miteinander diskutierten. Die eine Gruppe bestand aus Wissenschaftlern, die andere aus Theologen. Die Wissenschaftler vertraten die Ansicht, dass alles durch natürliche Prozesse entstanden sei. Da sie die gleichen Argumente vorbrachten, die ich bereits aus dem Buch meines Vaters kannte, konnte ich ihnen leicht folgen. Die Theologen hingegen brachten keine Argumente vor, die ich nachvollziehen konnte. Sie wiederholten immer nur:

»Gott war es.« – »Gott hat es gemacht.«

Ich verfolgte diese Diskussion aufmerksam und zog am Ende das Fazit, dass die Theologen keine Ahnung haben, und gab den Wissenschaftlern recht. Denn, so dachte ich, wenn es Gott gibt und er mir einen Verstand gegeben hat, dann darf ich diesen schließlich auch gebrauchen.

In meiner Entscheidung gegen eine unmittelbare Erschaffung der Welt durch Gott vor circa 6000 Jahren wurde ich durch ein weiteres faszinierendes Buch bestärkt. Es trug den Titel »Im Anfang war der Wasserstoff« und stammte von Hoimar von Ditfurth (1921–1989).[2] Darin erklärte von Ditfurth, dass nach dem Urknall zuerst nur das chemische Element Wasserstoff vorhanden war. Daraus seien dann die Sterne und schließlich auch unsere Sonne mit ihren Planeten entstanden. Laut von Ditfurth kam das Leben nicht durch einen göttlichen Schöpfungsakt auf die Erde. Stattdessen seien durch Evolution zuerst die Bausteine des Lebens und schließlich die erste Zelle entstanden. Durch die Evolution des

2 Hoimar von Ditfurth, *Im Anfang war der Wasserstoff*, Hamburg: Hoffmann und Campe, 1972.

Nervensystems und des Gehirns hätten sich immer komplexere Informationsstrukturen gebildet, die schließlich zu Denkprozessen und zu Bewusstsein führten.

In einem weiteren Buch mit dem Titel »Der Geist fiel nicht vom Himmel«[3] vertrat von Ditfurth sogar die Ansicht, dass Bewusstsein und Geist nicht an das Gehirn gebunden sein müssen. Es könne vielmehr Formen von »Geist« geben, die sich in anderen komplexen Systemen manifestieren. Es komme nur darauf an, dass ein System komplex genug werde, dann entstehe »Geist«. Gott lehnte er nicht völlig ab, verstand ihn jedoch als abstraktes Konzept und nicht als Person, die in die Erd- und Weltgeschichte sowie in unser eigenes Leben eingreift.

Auch wenn von Ditfurth Bewusstsein, Geist und sogar Gott rein materiell erklärte, so schlug er für mich doch eine Brücke zu dem, was in der Bibel steht. Er postulierte nämlich eine Art von »Metaphysik«, die wir bisher einfach noch nicht entdeckt hatten. Eine solche unsichtbare metaphysische Realität hinter unserer sichtbaren physischen Realität erschien mir plausibel. Diese Vorstellung kam ohne den Gott der Bibel aus, ließ aber zu, dass es viele unerklärliche Dinge gab, die uns wie Wunder erschienen, die letztlich aber nur an unserem mangelnden Verständnis lagen.

Meine rein auf den Naturgesetzen basierende Weltanschauung nahm immer mehr Gestalt an und wurde durch das Lesen von Science-Fiction-Romanen erweitert. Am meisten las ich dabei die Autoren Isaac Asimov (1920 – 1992), Robert Heinlein (1907 – 1988) und Arthur Clarke (1917 – 2008). Sie waren alle drei sehr wissenschaftlich orientiert und akzeptierten die Urknall- und die Evolutionstheorie. Darüber hinaus waren sie auch Rationalisten, das

3 Hoimar von Ditfurth, *Der Geist fiel nicht vom Himmel*, Hamburg: Hoffmann und Campe, 1976.

heißt, sie erhoben die Vernunft bzw. den Verstand zum höchsten Prinzip. Einen persönlichen Gott lehnten sie ab.

In ihren Romanen setzten sie die Existenz von außerirdischem Leben voraus. Wenn Leben nämlich allein durch natürliche Prozesse entstanden war, lag es nahe, dass es nicht nur auf der Erde, sondern auch auf anderen Planeten in anderen Sonnensystemen oder Galaxien entstanden sein konnte. Daraus resultierte die Frage, ob Außerirdische unsere Erde besucht haben könnten. In diesem Zusammenhang besuchte ich einmal sogar einen Vortrag von Erich von Däniken (1935–2026), als er in einem Nachbarort referierte. Die Atmosphäre war jedoch sehr emotional aufgeheizt und die Anwesenden erschienen mir eher wie Fanatiker als wie echte Wahrheitssuchende. Deshalb befasste ich mich nach diesem Vortrag nicht mehr mit von Däniken.

Nach dem Abitur stand ich vor der Studienwahl. Ich schwankte zwischen Elektrotechnik, Biologie und Physik. Mein Vater, der selbst Ingenieur war, hätte es gerne gesehen, wenn ich ebenfalls Ingenieur geworden wäre. Ich persönlich war aufgrund von »Knaurs Buch der modernen Biologie«[4] von Hans Joachim Bogen (1912–2002) sehr fasziniert von der Genetik und der Molekularbiologie. Letztlich entschied ich mich jedoch für die Physik. Sie schien mir von allen Naturwissenschaften am besten begründet zu sein und am besten geeignet, um unsere Welt so tief wie möglich zu verstehen.

Während des Studiums hatte ich immer wieder interessante Begegnungen mit meinen Kommilitonen. Es gab nicht nur Diskussionen über Physik, sondern auch philosophische Gespräche. Dabei ging es manchmal auch um Gott. Die Argumente derjenigen, die für Gott argumentierten, waren jedoch stets sehr

4 Hans Joachim Bogen, *Knaurs Buch der modernen Biologie*, München: Droemer Knaur, 1967.

dünn. Im Grunde war es immer dasselbe, was ich als Jugendlicher in der Schwarz-Weiß-Fernsehsendung schon gehört und gesehen hatte. Das sollte sich in den folgenden Jahrzehnten fortsetzen. Nie begegnete mir jemand, der wissenschaftliche Argumente verwendete, um für den Gott der Bibel zu argumentieren.

Eine erste Infragestellung meines Weltbilds ergab sich während meiner Diplomarbeit. Meine Aufgabe bestand darin, den magnetischen Übergang von Seltenen Erden bei sehr hohen Drücken und sehr tiefen Temperaturen nahe dem absoluten Nullpunkt zu messen und theoretisch zu modellieren. Dabei gelang es mir, ein Problem zu lösen, das selbst Doktoranden vor mir nicht hatten lösen können. Mein Betreuer wollte mir die Note 1 geben, was jedoch schwierig war, da der Professor, der den Lehrstuhl innehatte, sich durch meine Ergebnisse nicht in seiner Lieblingstheorie bestätigt sah. Letztlich gelang es meinem Betreuer, sich durchzusetzen – aber nur unter Schwierigkeiten. Ich erkannte zum ersten Mal, dass auch in der Wissenschaft die Frage nach der Wahrheit nicht immer die oberste Priorität hat.

Nach Abschluss meines Physikstudiums war es allgemein schwer, auf dem Arbeitsmarkt eine Anstellung zu finden. Deshalb entschloss ich mich, noch zu promovieren (meinen Doktortitel zu erwerben). Ich entschied mich für die Astrophysik und bewarb mich am Max-Planck-Institut für extraterrestrische Physik in Garching bei München. Mithilfe eines optimierten Instruments für abbildende Nahinfrarot-Spektroskopie untersuchte ich die Bewegungen von Staub- und Gaswolken um vermutete supermassive Schwarze Löcher im Zentrum anderer Galaxien. Außerdem untersuchte ich Regionen, für die man annahm, dass dort viele Sterne in kurzer Zeit entstanden, sogenannte »Sternentstehungsregionen« (englisch: »starburst regions«). Zu diesem Zweck durfte ich mehrere mehrwöchige Beobachtungskampagnen an Großteleskopen auf La Palma (Spanien/Kanarische Inseln) und auf dem Berg La Silla (Chile) durchführen.

Meine Tätigkeit war zwar herausfordernd und spannend und regte meinen Forschergeist an, gleichzeitig wurde jedoch auch mein Weltbild infrage gestellt. Dies begann damit, dass ich ein Gespräch mit einem Kollegen führte, der bereits promoviert hatte und nun dabei war, Professor zu werden. Er untersuchte ebenfalls »Sternentstehungsregionen«. Mir fiel auf, dass er in seinen Veröffentlichungen stets bereits von der Existenz von Sternen ausging, aus denen dann neue Sterne entstanden. Als ich ihn fragte, woher denn die ersten Sterne gekommen seien, hatte er keine Antwort. Es schien ihn aber auch nicht weiter zu kümmern. Stattdessen schien er nur daran interessiert zu sein, die nötige Anzahl von Veröffentlichungen zu schreiben, um Professor zu werden. Das befremdete mich, denn aus meiner Sicht sollte ein Wissenschaftler stets versuchen, den Dingen auf den Grund zu gehen, und nicht auf unbewiesenen Annahmen aufbauen. Das wäre so, als würde man sein Haus auf Sand statt auf festem Grund bauen.

Als ein israelischer Gastprofessor dann anhand meiner eigenen Beobachtungen von »Sternentstehungsregionen« Berechnungen durchführte, war ich sehr erstaunt, als ich das von ihm benutzte Computerprogramm sah. Es war relativ einfach aufgebaut und stellte keineswegs eine vollständige physikalische Simulation der Sternentstehung dar. Im Wesentlichen nahm das Modell die spontane Sternentstehung als gegeben an und berechnete dann daraus die Anzahl der Sterne zu verschiedenen Zeitpunkten.

Doch nicht nur hier wurden Annahmen getroffen, die nicht bewiesen waren. Hätte man meine Kollegen vom Institut offiziell im Fernsehen befragt, hätten sie wahrscheinlich felsenfest behauptet, dass die Welt durch einen »Urknall« entstanden sei. Als ich jedoch eines Abends mit ihnen bei einem Bier zusammensaß, kam plötzlich das Gespräch auf einen Wissenschaftler im Nachbarinstitut. Dieser glaubte zwar nicht an Gott, stimmte der Urknalltheorie aber nicht zu. Deshalb wurde er belächelt. Er bekam kaum finanzielle Unterstützung für seine Projekte. Im Gegensatz zu meinem Institut hatte er erhebliche Schwierigkeiten, wissenschaftliche Mitarbeiter zu finden. Mein Institut genoss hingegen einen hervorragenden Ruf, war finanziell und personell gut ausgestattet und führte nicht nur hervorragende Forschungen durch, sondern unterstützte auch die allgemein anerkannten Annahmen bzw. Paradigmen wie »Sternentstehung« und »Urknall«.

Als nun über den Wissenschaftler aus dem Nachbarinstitut gesprochen wurde, sagte plötzlich jemand:

»Aber was, wenn er recht hat?«

Ich sah mich um und dachte:

»Wie ›wenn er recht hat‹? Ich dachte, wir sind uns alle einig, dass es den Urknall gab.«

Und dann begann einer nach dem anderen, den »Urknall« zu kritisieren. Da ging mir ein Licht auf. Zwar wird offiziell behauptet, dass alles aus dem »Urknall« entstanden sei, inoffiziell sieht die Sache jedoch ganz anders aus. Vielen Wissenschaftlern ist durchaus bewusst, welche unbewiesenen Annahmen sie machen müssen, um überhaupt Aussagen treffen zu können. Nur würde das offiziell kaum jemand zugeben, um nicht an dem Ast zu sägen, auf dem er sitzt.

Das stimmte mich sehr nachdenklich, denn bisher hatte ich die Vorstellung, dass die Wissenschaft allein der Wahrheit verpflichtet sei – insbesondere auch in ihren Aussagen gegenüber der Öffentlichkeit. Die Menschen glauben schließlich alles, was Wissenschaftler sagen. Es ist nicht in Ordnung, den Menschen keinen reinen Wein einzuschenken und stattdessen so zu tun, als sei das, was Wissenschaftler sagen, stets die reine Wahrheit. Dies – zusammen mit meinen Erfahrungen zur »Sternentstehung« und dem, was ich im Rahmen meiner Diplomarbeit erlebt hatte – bestärkte mich schließlich, meine wissenschaftliche Laufbahn nicht fortzusetzen. Ich wollte nicht meine Suche nach der Wahrheit opfern, nur um Wissenschaftler zu sein. Was mir bei meiner Entscheidung half, war meine zukünftige Frau, die ich damals schon kennengelernt hatte. Mir wurde klar, dass ein normales Familienleben mit Kindern bei den geringen Gehältern der »Postdocs« (Wissenschaftler mit Doktorabschluss) kaum möglich sein würde. Feste Anstellungen waren selten, und man musste alle paar Jahre damit rechnen, wieder fortziehen zu müssen. Man lebte im Grunde wie ein Vagabund und verdiente nur so viel, dass es zum Leben reichte. Wer ein solches Leben führte, musste von seiner Arbeit als Wissenschaftler voll überzeugt sein. Bei mir war das aber aus den geschilderten Gründen nicht mehr der Fall.

Nachdem ich das Institut verlassen hatte, erhielt ich eine Stelle in der Halbleiterindustrie und arbeitete zunächst als anwendungstechnischer Kundenbetreuer. Nach mehr als zehn Jahren wechselte ich auf Wunsch des Vorstands in die firmeninterne Patentabteilung. Dort sollte ich die Forscher und Entwickler bei der Patentierung ihrer Ideen unterstützen. Die letzte Phase vor der entscheidenden Wende in meinem Leben war angebrochen. Davon hatte ich allerdings keine Ahnung, und ich war fest in meinem Weltbild verankert. Gott war weiter entfernt denn je, und selbst der Gedanke an seine Existenz kam mir nicht mehr in den Sinn. Das jahrzehntelange Festhalten an »Urknall« und »Evolution« hatte ganze Arbeit geleistet.

Kapitel 2 – Die Bekehrung

Die Ereignisse im Kontext meiner Bekehrung begannen damit, dass mein Vater an Krebs erkrankte. Die Ärzte konnten ihm nicht helfen, und nach zwei Jahren stand er kurz vor dem Tod. In dieser Zeit besuchte ich ihn öfter. Durch die Schmerzmittel war er meist nicht mehr bei Bewusstsein, aber in einem hellen Moment, in dem ich mit ihm reden konnte, sagte er etwas, womit ich nicht gerechnet hatte. Er sagte:

»Alles bedeutungslos!«

Da er sehr gebildet war – er hatte das Große Latinum –, zitierte er noch einen römischen Schriftsteller, der Ähnliches über das menschliche Leben gesagt hatte.

Nach seinem Tod ließ mich diese Aussage nicht mehr los. Auf dem Weg zur Arbeit beobachtete ich die Menschen, die ebenfalls zur Arbeit gingen, und dachte über den Sinn des Lebens nach. Als Wissenschaftler konnte und wollte ich nicht an den bloßen Zufall und an die Sinnlosigkeit glauben, denn in der Natur konnte man ja viel Ordnung und Struktur erkennen. Da ich von Evolution ausging, hatte zumindest die Menschheit als Ganzes ihren Platz in diesem Prozess. Aber was war mit dem einzelnen Menschen? Welchen Sinn hatte sein Leben? Darauf fand ich keine Antwort. Auch eine metaphysische Erklärung, wie sie Hoimar von Ditfurth vertrat, war mir keine Hilfe, da der einzelne Mensch darin keine Rolle spielt.

Mein Leben erschien mir zunehmend sinnlos. Gott musste aber noch mehr tun, um mein stolzes Ego in die Knie zu zwingen. Ja, ich war stolz. Als Wissenschaftler, der eine Aufgabe gelöst hatte, die kein Doktorand vor ihm lösen konnte, und als jemand, der in der Astrophysik promoviert hatte, war ich sehr stolz geworden. Auch die Tatsache, dass ich in meinem Beruf in der Industrie jahrelang den wichtigsten Kunden der Firma erfolgreich betreut hatte, trug nicht dazu bei, dass ich demütiger wurde.

Als Nächstes stand eine Weisheitszahn-Operation bevor. Der junge, unerfahrene Zahnarzt brauchte mehrere Stunden dafür und holte den Zahn Stück für Stück heraus. Nach der Operation hatte ich einen starken Tinnitus. Tag und Nacht klingelte es in meinen Ohren. Und dann kam der Burn-out. Damals wusste man noch nicht, was das ist – heute ist »Burn-out« ja schon fast ein Modewort –, und so schickten mich die meisten bayerischen Ärzte wieder heim mit dem Hinweis:

»Trinken Sie ein Bier, dann geht es Ihnen wieder besser!«

Doch es ging mir nicht besser. Auf dem Höhepunkt meines Burn-outs konnte ich weder lesen noch schreiben. Ich saß auf der Couch, und meine Frau fragte mich, ob ich ein Glas Wasser trinken möchte. Ich konnte weder »Ja« noch »Nein« sagen. Mein Gehirn, mein »Werkzeug«, auf das ich mich mein ganzes Leben lang verlassen hatte, verweigerte den Dienst.

Meine Frau, die sich damals mit Esoterik befasste, schickte mich deshalb zu einem ganzheitlichen Arzt. In dessen Praxis standen Buddha-Statuen, und überall waren Yin-und-Yang-Zeichen und andere fernöstliche Symbole zu sehen. Er behandelte mich mit Akupunktur. Das half jedoch immer nur für ein paar Stunden. Schließlich sagte er zu mir:

»Sie müssen einmal abschalten. Fliegen Sie allein auf eine Insel. Nehmen Sie dieses Buch mit.«

Er zeigte mir das Buch. Da ich zu diesem Zeitpunkt schon wieder lesen konnte, bestellte ich es, nahm unbezahlten Urlaub, griff auf meine Ersparnisse zurück und buchte einen Flug. Und so kam es, dass ich – das Buch im Gepäck – allein auf eine Insel flog, die ich bereits von den Beobachtungskampagnen meiner Doktorarbeit kannte. Meine Frau und unsere zwei Kinder blieben zu Hause.

Das Buch stammte von einem hawaiianischen Arzt und war eine Mischung aus christlicher und hinduistischer Lehre. Im ersten Teil enthielt es Entspannungsübungen mithilfe sogenannter Chakren, die als Energiezentren im Körper gelten. Außerdem wurde man darin aufgefordert, sich an alles zu erinnern, was einem jemals angetan wurde, und es dann zu vergeben. Ich fand das spannend und tat genau, was verlangt wurde – und nach einer Woche war der Tinnitus tatsächlich verschwunden! Ich joggte am Strand, rief meine Frau an und sagte ihr, dass es mir gut gehe und das Buch helfe.

Dann kam der zweite Teil des Buchs. Bevor ich damit begann, las ich eine Warnung. Demnach sollte man sich nicht wundern, wenn im Folgenden seltsame Dinge passieren würden – das sei normal. Dann kam die Aufforderung, höhere Geistwesen anzubeten. Im Buch waren dafür spezielle Gebete abgedruckt. Ich hatte keine Bedenken, denn das Ganze war für mich wie ein aufregendes Experiment. Vielleicht gab es ja doch eine Möglichkeit, mit dieser metaphysischen Realität in Kontakt zu treten und somit eine Antwort auf meine Frage zu erhalten. Eventuell würde es mir auch einfach besser gehen, rein physisch. Ich dachte, ich könnte nichts verlieren. Also sprach ich diese Gebete.

Und dann passierten seltsame Dinge! Zum Beispiel sah ich am helllichten Tag meinen verstorbenen Vater. Dann sah ich wieder, wie sich eine Hand vor mir materialisierte. Schließlich kam es so weit, dass sich eine fremde Präsenz in meinem Kopf eingenistet hatte. Sie versuchte zunehmend, die Kontrolle über mich zu übernehmen, indem sie mich glauben machen wollte, dass ich jemand anderes sei. Tatsächlich konnte ich mich bis ins Detail an ein Leben erinnern, das ich nie geführt hatte.

In der letzten der insgesamt drei Wochen, die ich auf der Insel verbrachte, kam meine Frau dazu. Ich erzählte ihr, was ich erlebt hatte, und gemeinsam versuchten wir, das »Ding« in meinem Kopf loszuwerden. Meine Frau versuchte es wieder mit esoterischen Methoden, aber es half nichts. Das machte mich innerlich völlig verzweifelt. Noch vor Kurzem war ich den Tinnitus losgeworden, doch nun war alles schlimmer als zuvor. Es war der Tiefpunkt. Ich hatte das Bild vor Augen, ein einsamer Punkt im Weltall zu sein, umgeben von völliger Dunkelheit. Ich schrie innerlich um Hilfe wie noch nie in meinem Leben!

In diesem Moment kam mir plötzlich der Satz über die Lippen:

»Gott war für mich immer zu klein.«

Mir wurde schlecht, und ich lief zur Toilette, um mich zu übergeben. Doch statt zu spucken, sah ich, wie ich die Fratze eines Geistwesens aus meinem Mund hauchte. Ich wusste, dass ich es nun los war.

Ich fühlte mich federleicht, erzählte meiner Frau, was vorgefallen war, und bat sie, mit mir an den Strand zu gehen. Es war ein wunderbarer Tag mit Sonne, blauem Himmel und ein paar Wolken. Plötzlich war ich von goldenem Licht umgeben, das von allen Seiten kam. Es war kein natürliches Licht, denn als Physiker wusste ich, wie natürliches Licht beschaffen war. Dieses Licht kam von nirgendwo. Es schien nicht aus einer bestimmten Richtung zu kommen, auch nicht aus allen Richtungen gleichzeitig, sondern es war einfach da. Es war gleichzeitig sowohl innerhalb als auch außerhalb von mir und ich war davon völlig eingehüllt. Es fühlte sich auch anders an als natürliches Licht und hatte eine nicht beschreibbare vollkommene, »satte« Substanz. Als Nächstes war ich plötzlich im Geist in der Wüste. Ich war ein Mann, der Sandalen trug, während ich körperlich gleichzeitig barfuß am Strand lief. Im Geist erhob ich ständig die Arme zum Himmel und rief:

»Gelobt sei der Allmächtige! Gelobt sei der Allmächtige!«

Das geschah, während ich mit meiner Frau am Strand war. Sie hörte mich aber nur von dem Licht sprechen, sah es selbst jedoch nicht. Wie lange mein Geist an dem anderen Ort war, kann ich nicht sagen. Mir kam es länger vor, aber für meine Frau konnten es höchstens ein paar Sekunden gewesen sein, denn sie bekam davon absolut nichts mit. Für sie lief ich einfach weiterhin am Strand neben ihr.

Damals habe ich nicht verstanden, was geschehen war. Das wurde mir erst im Nachhinein klar.

Trotz »Urknall« und »Evolution« hatte ich die Möglichkeit offengelassen, dass Gott existieren könnte. Das schien mir am vernünftigsten, denn dass es ihn *nicht* gab, konnte man nicht beweisen. Ich war Agnostiker, kein Atheist. Falls es Gott aber gab, so dachte ich, konnte er nicht viel. Er brauchte Jahrmilliarden, um den Menschen mittels Evolution hervorzubringen, und das Ergebnis ist offensichtlich alles andere als perfekt! Dazu musste man sich nur in der Welt umsehen, mit all ihren Kriegen und dem ganzen Unrecht, das die Menschen begingen. Um an Gott glauben zu können, müsste er mir daher zuerst zeigen, dass es ihn gibt und dass er allmächtig ist. Nicht dass Gott irgendetwas müsste – wer sollte ihm schließlich sagen, was er zu tun hat? Aber er erbarmte sich und trieb das böse Geistwesen in mir auf einen Schlag aus. Er zeigte mir seine Existenz und seine Allmacht. Zweitens zeigte er mir, dass sowohl das Gute als auch das Böse keine abstrakten Begriffe sind, sondern ganz reale Personen. Neben Gott, der vollkommen gut ist, gibt es auch noch andere Geistwesen, die böse sind. Und drittens ließ er mich »einen

Blick hinter den Vorhang« werfen. Er zeigte mir, dass es tatsächlich eine unsichtbare Realität hinter der sichtbaren Realität gibt, eine Art »Metaphysik«, die jedoch, anders als Hoimar von Ditfurth dachte, nicht materiell begründbar, sondern rein geistlich ist.

Nach den Erlebnissen auf der Insel kehrten wir nach Hause zurück. Meine Frau hatte eine Bibel auf ihrem Nachtkästchen liegen. Sie war zu diesem Zeitpunkt noch nicht gläubig, sammelte aber Weisheiten aus verschiedenen Quellen. Eine dieser Quellen war die Bibel. Ich selbst hatte keine Bibel. Als ich nun an der Tür zu unserem Schlafzimmer stand, war mir, als ob mich eine unsichtbare Hand zur Bibel schob und mir sagen wollte:

»Nimm und lies!«

Ich nahm die Bibel in die Hand und schlug das Matthäus-Evangelium auf. Früher hatte ich nur selten in der Bibel gelesen – vor allem in Exemplaren, die in Hotelzimmern auslagen –, ohne zu verstehen, was ich da las. Doch diesmal war es anders. Durch Gottes Geist erleuchtet, verstand ich sofort, dass ich die Wahrheit in Händen hielt. Ich las von Jesus Christus und wusste, dass er die Wahrheit sprach.

Ich hatte einen Freund, mit dessen Familie wir öfter in die Berge wandern gingen. Er war gläubig. Mit ihm traf ich mich und erzählte ihm alles, was geschehen war. Er meinte, dass mir noch etwas fehlen würde, und brachte mir bald darauf ein Heft vom Missionswerk Heukelbach. Es war von Manfred Paul (1938 – 2020) und trug den Titel »Jesus – unsere einzige Chance«.[5] Darin war die gesamte Erd- und Weltgeschichte grafisch dargestellt: von der Erschaffung der Welt durch Gott vor circa 6000 Jahren bis zur Vernichtung der alten Welt und der Erschaffung einer neuen, ewigen Welt. Wie

5 Manfred Paul, *Jesus – unsere einzige Chance*, Bergneustadt: Missionswerk Heukelbach.

im Fall des Matthäus-Evangeliums wusste ich durch Gottes Geist sofort, dass dies die Wahrheit ist. Dann ging es in dem Heft um Jesus Christus. Es wurde erklärt, dass er kam, um Sünder vor dem Gericht Gottes zu retten, und dass man sich bekehren und an ihn glauben müsse. Man müsse von einem Leben ohne Gott zu einem Leben mit und für Jesus Christus umkehren. Ich stimmte dem Gelesenen zu und nahm Jesus als Herrn über mein Leben an.

Bald darauf drängte es mich, andere Gläubige zu treffen. Also fuhren wir am Sonntag in die Freikirche, in die auch mein gläubiger Freund mit seiner Familie ging. Als wir ankamen, wurde ich so freundlich und herzlich begrüßt, als ob ich schon immer dazugehört hätte. Während des Gebets schienen die Worte genau auf mich zugeschnitten zu sein. Und als schließlich der Prediger ans Pult ging und über Schöpfung und Evolution predigte, konnte ich dies kaum fassen, denn genau dieses Thema beschäftigte mich! Ich verstand nur wenig von der Predigt, lief im Anschluss aber sofort zum Prediger und fragte ihn:

»Wo kann ich das alles lernen?«

Er sagte, dass ich gerne jede Woche zu ihm nach Hause kommen könne, wo sich eine Gruppe zum Bibellesen treffen würde. Das tat ich dann auch umgehend. Ich kam allerdings nicht nur regelmäßig zu diesem Termin, sondern oft auch zwischendurch. Ich rief ihn an, wann immer ich Fragen hatte. Das ging mindestens zwei Jahre so.

Ein Problem blieb allerdings: Was sollte ich mit dem ersten Kapitel der Bibel anfangen? Aus der Bibel konnte man ganz klar ableiten, dass Gott die Welt vor circa 6000 Jahren in sechs Tagen aus dem Nichts erschaffen hatte. Wie passte das zur Naturwissenschaft?

Ich rang sehr mit dieser Frage. Und mitten in diesem Ringen

kam mir plötzlich ein Gedanke. Es war ein Gedanke, den ich nicht selbst formuliert hatte. Er lautete wie folgt:

»*Wenn* **du** *das jetzt nicht glaubst, kommen* **wir zwei** *nicht weiter.*«

Dieser Gedanke wurde ganz ruhig, aber sehr bestimmt »gedacht«. Ich erschrak. Mir war zwar klar, dass Gott immer da war, aber dass er so nah war, damit hatte ich nicht gerechnet. Mir war auch klar, dass ich sofort antworten musste, denn wenn Gott zu einem spricht, muss man antworten. Das ist in der Firma schon so, wenn der Firmeninhaber einen plötzlich anspricht, und es gilt erst recht im Fall von Gott. Meine Antwort war ebenfalls in Gedanken und lautete in etwa:

»*In Ordnung, Gott, ich weiß jetzt zwar nicht, wie das gehen soll, und* **es widerspricht allem**, *was ich mein ganzes Leben lang geglaubt und gelernt habe,* **aber ich vertraue dir**.«

Das war der größte Glaubenssprung in meinem Leben. Ohne den geringsten Beweis zu haben, tat ich den Sprung ins kalte Wasser. Ich vertraute Gott.

Was dann passierte, war kein Blitz vom Himmel, kein Donner, keine Stimme, nichts. Ich musste einfach Geduld haben. Und tatsächlich bekam ich nach einer Weile Hilfe von einer gläubigen Frau aus unserer Nachbarschaft, die von meinem Ringen erfahren hatte. Sie gab mir ein Buch. Es stammte von einem gläubigen Wissenschaftler, der darin anhand wissenschaftlicher Argumente darlegte, dass die Welt nur wenige Jahrtausende alt ist und Evolution von der »Urzelle« zum Menschen nie stattgefunden hat. Zum ersten Mal in meinem Leben erkannte ich, dass es wissenschaftliche Argumente für das biblische Weltbild gibt. Das war der Beginn meiner wissenschaftlichen und theologischen Entdeckungsreise. Bereits zwei Jahre nach meiner Bekehrung begann ich, die ersten Vorträge zum Themenbereich »Schöpfung oder Evolution« zu halten.

Kapitel 3 – Ein neues Weltbild

Ich habe viel darüber nachgedacht, warum die meisten Menschen dem Evangelium nicht gehorchen. Dabei bin ich zu dem Ergebnis gekommen, dass einer der Hauptgründe in unserer westlichen, »aufgeklärten« Welt darin liegt, dass die Wissenschaft angeblich längst bewiesen hat, dass die Bibel nicht recht hat. Die meisten Zeitgenossen wollen ein Buch, in dem von der Erschaffung der Welt allein durch Gottes Wort, von einer circa 6000 Jahre alten Welt, von Adam und Eva sowie von übernatürlichen Wundern – wie der Verwandlung von Wasser in Wein oder der Auferstehung von Jesus Christus – die Rede ist, nicht mehr ernst nehmen. Das gilt erst recht für Menschen, die wie ich ein naturwissenschaftliches Studium abgeschlossen und sogar promoviert haben. Doch das ist einer der vielen Denkfehler, die auch ich früher begangen habe.

Im Folgenden will ich einige zentrale Punkte kurz anreißen, die in den Köpfen der meisten Menschen falsch verankert sind. Sie sind ganz wesentliche Hindernisse dafür, das biblische Weltbild überhaupt erst in Betracht zu ziehen. In meinen Vorträgen gehe ich auf diese und viele weitere Themen wesentlich ausführlicher ein.

3.1 Falsche Behauptungen

Es gibt eine Reihe von falschen Behauptungen, die sich in den Köpfen vieler Menschen festgesetzt haben.

3.1.1 »Die Aufklärung hat uns vom primitiven Weltbild der Bibel befreit.«

Ein heute noch weitverbreiteter Mythos ist, dass erst die Wissenschaft der Aufklärung die Menschen vom Glauben an die Bibel befreit habe. Den Menschen im Mittelalter wird ein primitives Weltbild unterstellt, in dem die Erde eine Scheibe war und eine Art Käseglocke den Himmel darstellte. Nichts könnte der Realität jedoch ferner sein.

In der Bibel wird an keiner Stelle gesagt, dass die Erde eine Scheibe ist. Die Ausdrücke »das Ende der Erde« oder »die Enden der Erde« besagen nicht, dass die Erde einen Rand hat. Das wird deutlich, wenn man sämtliche Bibelstellen, in denen diese Ausdrücke verwendet werden, im jeweiligen Textzusammenhang betrachtet. Stattdessen bezeichnen diese Ausdrücke die entferntesten bewohnbaren Regionen auf der Erde.[6]

Auch spricht die Bibel nirgends davon, dass der Himmel eine »Käseglocke« ist. Stattdessen ist von der »Ausdehnung« des Himmels die Rede. Dies ist die korrekte Übersetzung des entsprechenden hebräischen Wortes »rakija« im Grundtext. Die Bibel verwendet hier eine phänomenologische Sprache, also eine, die einfach das beschreibt, was man von der Erde aus sieht.[7] Und was sieht man von der Erde aus, wenn man den Himmel betrachtet? Man sieht eine riesige, scheinbar gekrümmte Ausdehnung. Was man vom Standpunkt auf der Erde aus aber nicht sehen kann, ist Folgendes: Das, was uns als Kuppel erscheint, ist in Wahrheit nur eine Projektion des in die Tiefe reichenden, dreidimensionalen Lufthimmels und Weltalls auf unsere zweidimensionale Betrachtungs-

6 Danny R. Faulkner, *Falling Flat*, Green Forest (Arkansas/USA): Master Books, 2019, S. 272-277.
7 Ebd., S. 280-297.

ebene. Um dies zu erkennen, muss man einen Standpunkt im Weltall einnehmen, wie es durch um die Erde kreisende Satelliten heutzutage möglich ist. Von dort aus sieht man, dass die Erde eine Kugel und keine Scheibe ist. Außerdem sieht man, dass der Himmel keine »Käseglocke« ist, sondern mit dem Lufthimmel beginnt und sich bis in die tiefsten Tiefen des Weltalls erstreckt.

Abbildung 1 zeigt einen Holzschnitt aus dem Jahr 1888, also aus einer Zeit lange nach dem Mittelalter und dem Zeitalter der Aufklärung.[8] Er ist somit kein Beweis für ein angebliches mittelalterliches Weltbild einer flachen Erde. Dennoch wird er häufig genau zu diesem Zweck in vielen populärwissenschaftlichen Büchern und Artikeln abgebildet.

8 Camille Flammarion, *L'atmosphère: météorologie populaire*, Paris: Hachette, 1888, S. 163; Abbildung: »Flammarions Holzstich« (tatsächlicher Künstler unbekannt); online verfügbar unter https://commons.wikimedia.org/wiki/File:Flammarion.jpg (abgerufen am 19.12.2025).

Abbildung 2 zeigt den Blick auf die Erde von der Apollo-17-Raumkapsel aus.[9] Die Erde ist im Wesentlichen eine Kugel, die sich um sich selbst dreht und die aufgrund der Gravitation eine fast kreisförmige Bahn um die Sonne beschreibt.

Schon die Menschen im Mittelalter wussten, dass die Erde eine Kugel ist. Sie hatten dieses Wissen von den antiken Griechen übernommen, die als Erste mithilfe von Beobachtungen den Umfang der

9 NASA, *Blue Marble – Image of the Earth from Apollo 17* (Aufnahme der Erde durch Apollo 17), Fotograf: Harrison Schmitt, 7.12.1972; NASA Johnson Space Center, Bild-ID: AS17-148-22727; online verfügbar unter https://www.nasa.gov/image-article/blue-marble-image-of-earth-from-apollo-17 (abgerufen am 19.12.2025).

kugelförmigen Erde bestimmt hatten. Als Längenmaß verwendeten sie ein »Stadion«. Je nachdem, wie lang ein »Stadion« war (es gab verschiedene Definitionen), berechneten sie einen Umfang zwischen 39 000 und 46 000 Kilometern. Dieser Wert liegt nahe dem heute bekannten Wert von 40 075 Kilometern entlang des Äquators bzw. 40 008 Kilometern entlang eines Längengrads. Der mittelalterliche Gelehrte Beda Venerabilis (672/673 – 735 n. Chr.) schrieb:

»... wir bezeichnen die Erde als Globus [...]. Denn sie ist wirklich eine Kugel [...] wie ein Ball, und sie dehnt sich vom Zentrum in alle Richtungen mit einer perfekten Wölbung aus.«[10]

Die Aufklärung befreite die Menschen also nicht von einem angeblich primitiven Weltbild der Bibel, sie waren bereits »aufgeklärt«.

3.1.2 »Glaube und Wissenschaft sind Gegensätze.«

Auch die Behauptung, der Fall des Astronomen und Physikers Galileo Galilei (1564 – 1642) sei ein Beweis dafür, dass es bereits vor der Aufklärung um die Auseinandersetzung von Wissenschaft und Glaube gegangen sei, ist ein Mythos.

Als ich das einmal gegenüber einem Arbeitskollegen erwähnte, war dieser ziemlich aufgebracht, weil er es so in der Schule gelernt hatte. Am nächsten Tag war er aber wieder ganz ruhig. Er hatte sich informiert und gab mir nun recht.

---

10 Beda Venerabilis, *The Complete Works of the Venerable Bede: In the Original Latin, Collated with the Manuscripts, and Various Printed Editions, Accompanied by a New Translation of the Historical Works, and a Life of the Author*, hrsg. von J. A. Giles, London: Whittaker and Co., 1843, Bd. 6, *De Natura Rerum*, Caput XLVI., S. 118 / *De Temporum Ratione*, Caput XXXI., S. 210; online verfügbar unter https://archive.org/details/CompleteWorksOfVenerableBedeV06 (abgerufen am 19. 12. 2025).

Abbildung 3 zeigt Galileo Galilei, einen der Begründer der modernen Naturwissenschaft und gläubigen Christen, vor der Inquisition.[11]

Dass der Fall Galilei nicht das Thema »Wissenschaft gegen Glaube« zum Inhalt hatte, ist mittlerweile eine bekannte historische Tatsache. Die Kirche hatte nichts gegen Galileis Forschungen und unterstützte ihn anfangs sogar. Seine eigentlichen Gegner waren Gelehrte, die das neue Weltbild mit der Sonne im Mittelpunkt und den um sie kreisenden Planeten ablehnten. Sie nutzten Galileis unbeherrschten Charakter aus, der dazu neigte, seine Behauptungen zu übertreiben. Sie entfachten einen Streit, der auf die Kirche übergriff und letztlich in Galileis Hausarrest mündete.[12]

---

11 Cristiano Banti, *Galileo vor der Römischen Inquisition*, Öl auf Leinwand, 1857; online verfügbar unter https://commons.wikimedia.org/wiki/File:Galileo_facing_the_Roman_Inquisition.jpg (abgerufen am 19.12.2025).

12 Thomas Schirrmacher, *The Galileo Affair: History or Heroic Hagiography?*, Answers in Genesis, 1.4.2000; online verfügbar unter https://answersingenesis.org/creation-scientists/the-galileo-affair-history-or-heroic-hagiography (abgerufen am 19.12.2025).

Die Behauptung, dass Glaube und Wissenschaft Gegensätze seien, hält bis heute an. So sagte der Physiker und Nobelpreisträger Steven Weinberg (1933 – 2021):

»Alles, was wir Wissenschaftler tun können, um den Einfluss von Religion zu schwächen, sollte getan werden; dies könnte in der Tat unser größter Beitrag für unsere Zivilisation sein.«[13]

Weinberg drückt damit aus, was viele Zeitgenossen denken: Religion sei eine Gefahr für unsere Zivilisation. Anstatt zu versuchen, ein Gewitter durch Naturgesetze zu erklären, erfinde die Religion einen Donnergott und verhindere dadurch wissenschaftlichen Fortschritt.

Zwar kann religiöser Aberglaube den wissenschaftlichen Fortschritt tatsächlich behindern, doch dies gilt nicht für den Glauben an einen intelligenten Schöpfer, wie er in der Bibel dargestellt wird. Im Gegenteil: Dieser Glaube beflügelte im Mittelalter die Gelehrten, die die moderne Naturwissenschaft begründeten.

So schrieb Galileo Galilei in einem Brief an die Großherzogin Christine von Lothringen (1565 – 1636):

»Gott offenbart sich in den Werken der Natur nicht weniger eindrucksvoll als in den heiligen Schriften der Bibel.«[14]

Der Astronom und Mathematiker Johannes Kepler (1571 – 1630), der die Gesetze der Bahnbewegungen der Planeten um die Sonne aufstellte, wollte die Ergebnisse seiner Forschungen so schnell wie möglich veröffentlichen, um Gott die Ehre zu geben:

---

13 Salk Institute for Biological Studies, Konferenz *Beyond Belief: Science, Religion, Reason and Survival* in La Jolla, Kalifornien, 5. – 7. 11. 2006, Schlussbemerkung; online verfügbar unter http://hyperphysics.phy-astr.gsu.edu/Nave-html/Faithpathh/weinberg.html (abgerufen am 19. 12. 2025).

14 Galileo Galilei, *Brief an Christine von Lothringen*, 1615, in: Michael Titzmann und Thomas Steinhauser (Hrsg.): *Lettera a Cristina di Lorena: Italienisch-Deutsch*, Passau: Karl Stutz Verlag, 2008, S. 65.

»Ich bemühe mich, diese Dinge zur Ehre Gottes […] so schnell wie möglich zu veröffentlichen.«[15]

Er schrieb auch ein Buch, in dem er basierend auf der Bibel berechnete, dass Jesus Christus im Jahr 3988 nach der Erschaffung der Welt geboren wurde.[16] Demnach sind für uns heute seit der Erschaffung der Welt nur wenig mehr als 6000 Jahre vergangen.

Abbildung 4 zeigt Johannes Kepler, noch einen der Begründer der modernen Naturwissenschaft und gläubigen Christen.[17]

15 Johannes Kepler, *Brief an Michael Maestlin*, 3.10.1595, in: Max Caspar (Hrsg.), *Johannes Kepler: Gesammelte Werke*, München: C. H. Beck, 1937, Bd. I, S. 55-59.

16 Johannes Kepler, *Kanones Pueriles: Id est, Chronologia von Adam biß auff diß jetz lauffende Jahr Christi 1620, in sechs unterschiedliche Glieder außgetheilet und aus Heiliger Schrift, Heidnischer Antiquität und Astronomischer Rechnung bewehret*, Ulm: Johann Medern, 1620, S. 24, Digitalisat der Staatsbibliothek zu Berlin: https://digital.staatsbibliothek-berlin.de/werkansicht?PPN=PPN816592748&view=fulltext-parallel (abgerufen am 19.12.2025).

17 Unbekannter Künstler, *Porträt von Johannes Kepler (»Jean Keppler«)*; online verfügbar unter https://commons.wikimedia.org/wiki/File:Jean_Keppler.jpg (abgerufen am 19.12.2025).

Nicolaus Steno (1638–1686) begründete die moderne Geologie und ging – wie Kepler – von einer jungen Erde sowie der Sintflut als globaler Überschwemmungskatastrophe aus. Er schrieb:

»Lasst es euch gefallen [...], die Wunder Gottes in seinen Werken zu betrachten.«[18]

Abbildung 5 zeigt Nicolaus Steno, einen weiteren der Begründer der modernen Naturwissenschaft und gläubigen Christen.[19]

18 Niels Steensen (Nicolaus Steno), *Opera Philosophica*, hrsg. von Vilhelm Maar, Kopenhagen: Vilhelm Tryde, 1910, Bd. II, S. 262.

19 Unbekannter Künstler (möglicherweise Justus Sustermans zwischen 1666 und 1677), *Porträt von Niels Steensen (Nicolaus Steno)*; online verfügbar unter https://commons.wikimedia.org/wiki/File:Portrait_of_Nicolas_Stenonus.jpg (abgerufen am 19.12.2025).

Der Mathematiker Alfred North Whitehead (1861 – 1947) äußerte sich zu diesem Phänomen wie folgt:

»Die treibende Kraft für Forschung ist die instinktive Überzeugung […], dass es ein Geheimnis gibt, das gelüftet werden kann. Wie konnte diese Überzeugung der Europäer so fest im Denken verankert werden? Wenn wir diese Art zu denken, […] mit anderen Zivilisationen vergleichen, scheint es dafür nur eine Erklärung zu geben: die mittelalterliche Überzeugung von der Rationalität Gottes.«[20]

Der Biochemiker Joseph Needham (1900 – 1995) stellte außerdem fest:

»Zweifelsohne war einer der ältesten Pfeiler der westlichen Zivilisation die Vorstellung, dass – genauso wie weltliche Herrscher den Menschen nützliche Gesetze gaben, die sie befolgen mussten – auch der himmlische und rationale Schöpfergott den Mineralien, Steinen, Pflanzen, Tieren und den Sternen Gesetze gegeben hatte, die sie einhalten mussten […]. Diese Idee war aufs Engste mit der Entstehung der modernen Wissenschaft verknüpft.«[21]

3.1.3 »Es ist bewiesen, dass die Welt viel älter als circa 6000 Jahre ist.«

Auch beim Thema »Alter der Welt« sind die meisten Menschen falsch informiert. Nach meinen Vorträgen wird mir oft vorgehalten, dass radioaktive Altersbestimmungen doch beweisen würden, dass die Erde Milliarden von Jahren alt ist und nicht, wie nach der Bibel,

20 Alfred North Whitehead, *Science and the Modern World*, New York City: The MacMillan Company, 1925, S. 17; online verfügbar unter https://www.gutenberg.org/files/68611/68611-h/68611-h.htm (abgerufen am 14. 01. 2026).

21 Joseph Needham, *A Selection from the Writings of Joseph Needham*, ausgewählt und eingeleitet von Mansel Davies, Jefferson (North Carolina/USA): McFarland & Company, 1990, S. 239.

circa 6000 Jahre. Dabei wird jedoch nicht beachtet, dass diese Altersbestimmungen nicht ohne unbewiesene Annahmen auskommen. Zwar misst man die Menge des radioaktiven Zerfallprodukts, macht dann aber drei Annahmen:

1. Man nimmt an, dass die Ausgangsmenge des radioaktiven Stoffs bekannt ist.
2. Man nimmt ein geschlossenes System an, d.h., dass während des Zerfalls weder von der Ausgangsmenge noch vom radioaktiven Zerfallsprodukt etwas von außen hinzu- oder wegkam.
3. Man nimmt an, dass der radioaktive Zerfall stets mit der gleichen Geschwindigkeit ablief.

Keine dieser Annahmen kann bewiesen werden. Trifft auch nur eine dieser Annahmen nicht zu, ist das berechnete Alter falsch. Insbesondere hat sich die dritte Annahme als Ergebnis eines jahrelangen Forschungsprojekts bibeltreuer Wissenschaftler als unzutreffend erwiesen.[22] Die Forschungsergebnisse zeigen, dass der radioaktive Zerfall in der Vergangenheit um Größenordnungen schneller ablief als heute. Dies passierte im biblischen Weltbild während der Sintflut und möglicherweise auch während der Schöpfung, als Gott übernatürlich handelte. Berücksichtigt man diesen beschleunigten radioaktiven Zerfall, können die radioaktiven Alterswerte von Jahrmillionen und Jahrmilliarden in Jahrtausende umgerechnet werden. Dies steht im Einklang mit dem biblischen Weltalter von circa 6000 Jahren.

---

22 Institute for Creation Research (ICR), *The RATE (Radioisotopes and the Age of the Earth) Project*; online verfügbar unter https://www.icr.org/research/rate (abgerufen am 08.01.2026).

Der Chemiker Frederic Jueneman (1929 – 2014) schrieb:

»Momentan geht man davon aus, dass das Alter unseres Globus 4,5 Milliarden Jahre beträgt, basierend auf den radioaktiven Zerfallsraten von Uran und Thorium. In letzter Zeit ist man jedoch zu der erschreckenden Erkenntnis gekommen, dass die radioaktiven Zerfallsraten nicht so konstant sind wie früher angenommen. Und das könnte bedeuten, dass die atomaren Uhren während einer globalen Katastrophe zurückgedreht wurden [...].«[23]

Und der Astronom John Eddy (1931 – 2009) gab zu:

»Ich vermute, dass die Sonne 4,5 Milliarden Jahre alt ist. Angesichts einiger neuer und unerwarteter gegenteiliger Ergebnisse, etwas Zeit für hektische Neuberechnungen und theoretische Neuausrichtungen, denke ich jedoch, dass wir mit dem Wert von Bischof Ussher für das Alter von Erde und Sonne [d. h. 6000 Jahre] leben könnten. Ich glaube nicht, dass wir in der Astronomie viele Beobachtungsindizien haben, um dem zu widersprechen.«[24]

Ein Geologe, mit dem ich einmal korrespondierte, konnte meinen Argumenten bezüglich der radioaktiven Altersbestimmungen zwar nichts entgegensetzen, brachte aber ein anderes Argument vor. Er verwies auf Sedimentablagerungen in Seen, die Hunderttausende von Schichten zeigen. Unter der Annahme, dass pro Jahr eine Schicht abgelagert wurde, schlussfolgerte er, dass die Erde mindestens Hunderttausende Jahre alt sein müsse. Diese jährlichen Ablagerungen werden »Warven« genannt.

Das Problem bei diesem Argument ist jedoch, dass die Schichten nicht zwangsläufig so langsam abgelagert wurden. Es ist be-

23 Frederic B. Jueneman, »Secular Catastrophism«, in: *Industrial Research and Development*, Juni 1982, Bd. 24, S. 21.

24 John A. Eddy, zitiert von R.G. Kazmann im Artikel »It's about time: 4.5 billion years«, in: *Geotimes*, September 1978, Bd. 23, S. 18.

kannt, dass solche Schichten auch durch schnelle Wasserströmungen innerhalb weniger Stunden oder Tage entstehen können. In diesem Fall spricht man von Turbiditen und Rhythmiten. Im biblischen Kontext wurden sie gegen Ende der Sintflut und während der anschließenden, circa sieben Jahrhunderte währenden Eiszeit abgelagert.[25] Turbiditen und Rhythmiten können Warven zum Verwechseln ähnlich sehen. Das gilt erst recht für Turbiditen und Rhythmiten, die durch heute nicht mehr auftretende, sehr spezielle physikalisch-chemische Prozesse abgelagert wurden. Die Vorgehensweise von Geologen, von heutigen Prozessen auf die Vergangenheit zu schließen, funktioniert in diesem Fall also nur beschränkt oder gar nicht.

Würden Geologen ihre Perspektive verändern, könnten sie in den Sedimentschichten zahlreiche Hinweise auf eine junge Welt erkennen. Ein Indiz hierfür sind die weltweit glatten Kontaktflächen der Sedimente. Wären diese über Jahrmillionen und Jahrmilliarden hinweg abgelagert worden, müsste man deutliche Zeichen von Abtragung bzw. Erosion finden. Der Paläontologe Norman Newell (1909 – 2005) schrieb:

»Ein rätselhaftes Merkmal geologischer Schichtgrenzen [...] ist das generelle Fehlen von Anzeichen dafür, dass die Schichten der Erdoberfläche ausgesetzt waren. Spuren von tiefen Auswaschungen, Unterspülungen, Rinnen und übrig gebliebenem Kies fehlen im Allgemeinen.«[26]

---

25 Michael J. Oard, »Are There Half a Million Years in the Sediments of Lake Van?«, *Answers in Genesis*, 9. Mai 2007; online verfügbar unter https://answersingenesis.org/geology/sedimentation/are-there-half-a-million-years-in-the-sediments-of-lake-van (abgerufen am 08.01.2026).

26 Norman D. Newell, »Mass Extinction: Unique or Recurrent Causes?«, in: Berggren, William A. und Van Couvering, John A. (Hrsg.): *Catastrophes and Earth History: The New Uniformitarianism*, Princeton: Princeton University Press, 1984, S. 115-127.

In **Abbildung 6** sind die fast schnurgeraden, glatten Sedimentlagen in der Quebrada de Cafayate in der Provinz Salta (Argentinien) zu sehen. Sie zeigen keinerlei Anzeichen von Erosion. Das spricht gegen eine Ablagerung über Jahrmillionen hinweg.[27]

Fehlende Erosion ist hingegen genau das, was man für die Sintflut erwarten würde, denn die Schichten wurden dort innerhalb eines Jahres und nicht über Jahrmillionen hinweg abgelagert.

Ein weiteres Argument, das oft angeführt wird, um ein Weltalter von circa 6000 Jahren zu widerlegen, sind die Dinosaurier, die vor vielen Millionen Jahren gelebt haben sollen.

Biblisch betrachtet wurden sie jedoch, wie alle anderen Landlebewesen auch, am sechsten Schöpfungstag erschaffen. In der Sintflut kamen die meisten Dinosaurier um und wurden in katastrophisch abgelagerten Sedimenten schnell versteinert. Als das Was-

27 travelwayoflife, *Quebrada de las Conchas, Salta (Argentinien)*, bearbeitet von Markus Blietz (Gesicht anonymisiert); online verfügbar unter https://commons.wikimedia.org/wiki/File:Quebrada_de_Cafayate,_Salta_(Argentina).jpg (abgerufen am 08.01.2026).

ser immer weiter stieg, wurden zuerst die Meereslebewesen wie Wirbellose und Fische von Unterwasserströmungen erfasst und an den flacheren Kontinentalrändern in Sedimenten begraben. Danach waren die in sumpfigen Tieflandhabitaten lebenden Amphibien und Reptilien an der Reihe, dann die Dinosaurier und schließlich die in den höchsten Lagen lebenden Säugetiere.[28] Diese Abfolge stellt eine Begräbnisreihenfolge dar und keine über Jahrmillionen und Jahrmilliarden verlaufende Evolution. Dass man den Fossilien dennoch ein solch hohes Alter zuschreibt, liegt wiederum an den bereits erwähnten radioaktiven Altersbestimmungen, die unter naturalistischen Annahmen durchgeführt werden.

Nach der Sintflut versuchten die Dinosaurier, die zusammen mit den anderen Landlebewesen an Bord der Arche waren, sich wieder auf der Erde auszubreiten. Da sich die Umwelt- und Klimabedingungen gegenüber der Welt vor der Sintflut jedoch dramatisch verändert hatten, starben die Dinosaurier schließlich aus.

Das biblische Weltbild wird durch Drachenlegenden aus den unterschiedlichsten Kulturen rund um den Globus bestätigt. Darin werden imposante, reptilienartige Kreaturen mit auffallend dinosaurierspezifischen anatomischen Merkmalen beschrieben.[29]

Der Astronom Carl Sagan (1934 – 1996) schrieb:

»Die Verbreitung von Drachenlegenden in vielen Kulturen ist wahrscheinlich kein Zufall […]. Sie ist ein weltweites Phänomen.«[30]

---

28 Andrew A. Snelling, »Doesn't the Order of Fossils in Rock Favor Long Ages?«, *Answers in Genesis*, 9. September 2010; online verfügbar unter https://answersingenesis.org/fossils/fossil-record/doesnt-order-of-fossils-in-rock-favor-long-ages (abgerufen am 08. 01. 2026).

29 Brian Thomas, »Medieval artists saw extinct reptiles: more evidence«, *Creation Ministries International*, 13. Januar 2020; online verfügbar unter https://creation.com/en/articles/were-dragons-real-in-medieval-times (abgerufen am 08. 01. 2026).

30 Carl Sagan, *The Dragons of Eden: Speculations on the Evolution of Human Intelligence*, New York City: Ballantine Books, 1977, S. 149.

Abbildung 7 zeigt eine mikroskopische Aufnahme eines ausgedehnten Netzwerks noch elastischer Blutgefäße in einem Knochen eines Tyrannosaurus rex. Der weiße Balken ist 100 Mikrometer lang. Ein Mikrometer ist der millionste Teil eines Meters.[31]

Dass die Dinosaurier nicht vor Millionen von Jahren gelebt haben können, zeigen vor allem auch Funde von noch elastischen Blutgefäßen und Blutzellen in Dinosaurierknochen. Wenn diese Knochen so alt wären, müsste das organische Material in ihnen längst verrottet sein.

Die Wissenschaftlerin Mary Schweitzer (* 1955), die diese Entdeckung als Erste machte, schrieb, dass vom Fund Verwesungsgeruch ausströmte.

---

31 Elizabeth M. Boatman, Mark B. Goodwin, Hoi-Ying N. Holman, Sirine Fakra, Wenxia Zheng, Ronald Gronsky, Mary H. Schweitzer, »Mechanisms of soft tissue and protein preservation in *Tyrannosaurus rex*«, *Scientific Reports*, 2019; Bd. 9, Artikel-Nr. 15678; online verfügbar unter https://doi.org/10.1038/s41598-019-51680-1 (abgerufen am 08. 01. 2026).

»Es roch genau wie bei einem der Kadaver, die wir im Labor hatten.«[32]

Sie konnte es nicht fassen.

»Ich bekam eine Gänsehaut. Es war, als ob man ein Stück eines modernen Knochens anschauen würde. Aber ich konnte es natürlich nicht glauben. Ich sagte zu dem Laboranten: ›Die Knochen sind schließlich 65 Millionen Jahre alt. Wie könnten Blutzellen so lange überleben?‹«[33]

Als ihre Entdeckung in einem anerkannten wissenschaftlichen Magazin veröffentlicht werden sollte, wurde dies zunächst abgelehnt.

»Ein Rezensent meiner Veröffentlichung sagte mir, dass es ihn nicht interessiere, was die Daten sagten, er wisse, dass das, was ich gefunden hätte, nicht möglich sei. Ich schrieb zurück und fragte ihn, welche Daten ihn überzeugen würden. Er antwortete: ›Keine.‹«[34]

Mittlerweile wurden von Schweitzer und anderen Forschern viele weitere ähnliche Funde gemacht, darunter auch Kollagen, das sich besonders schnell zersetzt. Es gibt keine überzeugende Erklärung dafür, wie diese zig Jahrmillionen hätten erhalten bleiben können. Die biblische Erklärung, dass die gefundenen Knochen in Wahrheit nur Jahrhunderte bis Jahrtausende alt sind, ist viel plausibler.

---

32 Barry Yeoman, »Schweitzer's Dangerous Discovery«, *Discover Magazine*, 27. April 2006; online verfügbar unter https://www.discovermagazine.com/schweitzers-dangerous-discovery-1172 (abgerufen am 08.01.2026).

33 Virginia Morell, »Dino DNA: the Hunt and the Hype«, *Science*, 9. Juli 1993, Bd. 261, Nr. 5118, S. 160-162; online verfügbar unter https://doi.org/10.1126/science.8327889 (abgerufen am 08.01.2026).

34 Barry Yeoman, »Schweitzer's Dangerous Discovery«, *Discover*, April 2006, Bd. 27, Nr. 4, S. 37-41, Zitat aus der Bildunterschrift eines Fotos in der gedruckten Originalausgabe, nicht enthalten in der Online-Version.

3.1.4 »Die Welt entstand durch den Urknall und nicht durch Gottes Wort.«

Der Urknall wird in den Medien sowie an den Schulen und Universitäten nach wie vor als selbstverständliche Tatsache präsentiert und gelehrt. Und das, obwohl er in den letzten Jahren stark in Bedrängnis geraten ist. Für seine Probleme werden viele unbewiesene Hypothesen als Lösung herangezogen. So gleicht es etwa einem Wunder, dass im Urknall entgegen dem ersten Hauptsatz der Thermodynamik alle Materie aus dem Nichts entstand. Auch die sogenannte »kosmologische Inflation«, die die Gleichmäßigkeit des Universums auf großen Skalen erklären soll, gleicht einem Wunder. Denn niemand weiß, aus welchem Grund diese überlichtschnelle Ausdehnung des Universums plötzlich begann und warum sie genauso plötzlich wieder stoppte. Die »Dunkle Energie«, die die für die Ausdehnung des Universums benötigte Kraft erklären soll, konnte noch nie experimentell nachgewiesen werden. Nicht anders verhält es sich mit dem unbeweisbaren Multiversum, das die Feinabstimmung bei der Ausdehnung des Universums erklären soll. Das Gleiche gilt für das ebenfalls unbeweisbare Spiegeluniversum, in dem die in unserem Universum nicht mehr vorhandene Antimaterie verschwunden sein soll.

Das Urknallmodell ist in Wahrheit kein rein wissenschaftliches Modell, sondern gründet sich auf unbeweisbare, weltanschauliche Annahmen. Der Astrophysiker Stephen Hawking (1942–2018) drückte das wie folgt aus:

»Wir sind jedoch nicht in der Lage, kosmologische Modelle aufzustellen ohne zusätzliche weltanschauliche Annahmen.«[35]

---

35 Stephen W. Hawking, George F. R. Ellis, *The Large Scale Structure of Space-Time*, Cambridge: Cambridge University Press, 1973, S. 134.

Diese Annahmen entstammen der Philosophie des Naturalismus, die Gott als Schöpfer *von vornherein* ausschließt. Ich werde dazu gegen Ende dieses Kapitels noch etwas mehr sagen.

3.1.5 »Neandertaler und andere Übergangsformen beweisen, dass der Mensch durch Evolution entstand.«

In den Museen sind Knochenfunde von Neandertalern und anderen »Übergangsformen« ausgestellt. Sie sollen als Beweis dafür dienen, dass der Mensch durch Evolution entstand.

Von den Neandertalern wissen wir heute jedoch, dass sie sich mit dem modernen Menschen paarten. Das ist nur möglich, wenn sie zur selben Art gehörten. Anderenfalls hätten sie keine Nachkommen zeugen können. Das hingegen wiederum bedeutet, dass Neandertaler einfach eine Variante des modernen Menschen waren.

Der Anthropologe Metin Eren sagte:

»Wenn wir an Neandertaler denken, müssen wir aufhören, an Begriffe wie ›dumm‹ oder ›weniger entwickelt‹ zu denken […]. Unsere Forschungsergebnisse greifen eine tragende Säule der lange gehegten Auffassung an, dass Homo sapiens höher entwickelt sei als der Neandertaler.«[36]

Im biblischen Weltbild sind die Neandertaler Nachfahren jener Menschen, die nach der Sintflut und dem Turmbau zu Babel die Erde neu besiedelten. Sie waren nicht primitiver oder weniger entwickelt als wir heute, verfügten aber nur über primitive technische

36 BBC News, »›Complexity‹ of Neanderthal tools«, *BBC News – Science & Environment*, 26. August 2008; online verfügbar unter https://news.bbc.co.uk/2/hi/science/nature/7582912.stm (abgerufen am 08.01.2026).

Hilfsmittel. Da die vorsintflutliche Zivilisation zerstört war, musste die Menschheit erneut von vorne beginnen.

Für alle Funde von sogenannten »Affenmenschen« gilt grundsätzlich: Sie lassen sich entweder als Menschen oder als Affen einstufen, jedoch nicht als Übergangsformen, denn diese fehlen. Dies gab der Paläoanthropologe Ian Tattersall (* 1945) zu:

»Homo sapiens [der Mensch] scheint einzigartig und unvergleichlich zu sein. Es gibt sicherlich keine Beweise dafür, dass wir uns allmählich zu dem entwickelt haben, was wir heute sind, weder im körperlichen noch im geistigen Sinn.«[37]

Dabei fehlen die Übergangsformen nicht nur beim Menschen, sondern ganz allgemein. Der Paläontologe Niles Eldredge (* 1943) sagte:

»Wir Paläontologen haben behauptet, dass die Geschichte des Lebens dies [= die allmähliche Veränderung durch Anpassung] stützt, obwohl wir die ganze Zeit wussten, dass es nicht der Fall ist.«[38]

Ein plötzliches Erscheinen passt hingegen genau zum Schöpfungsbericht der Bibel, denn Gott erschuf alle Lebewesen in nur sechs Tagen. Da sie nicht in einem Millionen oder Milliarden Jahre währenden Evolutionsprozess entstanden sind, lassen sich auch keine Übergangsformen finden. Insbesondere ist auch der Mensch eine einzigartige Schöpfung, die nicht aus dem Tierreich hervorgegangen ist. Dazu passend schrieb der Paläoanthropologe Juan Arsuaga (* 1954):

»Es gibt kein anderes zweibeiniges Säugetier. Kein anderes Säugetier beherrscht und nutzt das Feuer, schreibt Bücher, reist durch den

---

37 Ian Tattersall, *Becoming Human: Evolution and Human Uniqueness*, New York City: Harcourt Brace, 1998, S. 23.

38 Niles Eldredge, *Time Frames: The Evolution of Punctuated Equilibria*, Princeton: Princeton University Press, 1985, S. 14.

Weltraum, malt Porträts oder betet. Das ist keine Frage der Abstufung. Es geht um alles oder nichts.«[39]

3.2 Der Öffentlichkeit vorenthaltene Informationen

Während die bisher angeführten Punkte Dinge sind, über welche die Menschen falsch informiert werden, gibt es andere Punkte, die der Öffentlichkeit fast gänzlich vorenthalten werden.

3.2.1 Es findet Degeneration statt, keine Evolution.

Seit Gott den Menschen vor circa 6000 Jahren erschuf, hat sich viel verändert. Die Sintflut-Katastrophe zerstörte die ursprüngliche Welt mit ihrer üppigen Vegetation. Im Vergleich dazu erscheint unsere heutige Welt wie eine Wüste.

Auch der Mensch ist nicht mehr derselbe. Denn nach dem Sündenfall ließ Gott zu, dass sich im ursprünglich fehlerfreien Erbgut des Menschen immer mehr Fehler bzw. zufällige Mutationen ansammelten. Als dann Gott die weiterhin abtrünnige Menschheit in der Sintflut ein zweites Mal richtete, kam diese Degeneration des Erbguts voll zum Tragen. Denn die gesamte Menschheit wurde in der Sintflut auf nur acht Personen in der Arche reduziert. Da das Erbgut nicht mehr perfekt war wie am Anfang der Schöpfung, kam es zu einer Inzucht-Situation, die die Genetiker als »genetischen Flaschenhals« bezeichnen. Dadurch verschlechterte sich das Erbgut der Menschen rapide. In der Folge sank das Lebensalter der Men-

39 Juan Luis Arsuaga, *The Neanderthal's Necklace: In Search of the First Thinkers*, New York City: Four Walls Eight Windows Publishing, 2002, S. 3.

schen, während gleichzeitig immer mehr Erbkrankheiten sichtbar wurden.

Die Degeneration des Erbguts schreitet so schnell voran, dass die Menschheit schon viele Male hätte aussterben müssen, wäre sie tatsächlich mehrere Millionen Jahre alt. Der Genetiker Alexey Kondrashov (* 1957) schrieb:

»Warum sind wir nicht schon längst 100-mal ausgestorben?«[40]

Ein hypothetischer Evolutionsprozess, der auf zufälligen Mutationen und natürlicher Selektion beruht, kann diesem abwärts gerichteten Trend nichts entgegensetzen. Das zeigen Computersimulationen.[41] Der tiefere Grund ist, dass hinter der Degeneration das Naturgesetz der Entropiezunahme steckt. Dieses Naturgesetz aus der Physik besagt, dass in jedem System die Unordnung von selbst zunimmt, bestenfalls bleibt sie gleich. Wir alle kennen dieses Naturgesetz. Wenn wir dem Zerfall und der Abnutzung der Dinge nicht aktiv durch intelligentes Eingreifen entgegenwirken, nehmen Unordnung und Chaos immer weiter zu. Weder bleibt das Kinderzimmer von selbst aufgeräumt, noch bleibt das Auto von selbst in gutem Zustand. Dieses Naturgesetz ist dafür verantwortlich, dass alle Lebewesen, einschließlich des Menschen, degenerieren und sich nicht zu immer komplexeren Lebensformen entwickeln.

---

40 Alexey S. Kondrashov, »Contamination of the Genome by Very Slightly Deleterious Mutations: Why Have We Not Died 100 Times Over«, in: *Journal of Theoretical Biology*, 1995, Bd. 175, Nr. 4, S. 583-594.

41 John C. Sanford, *Genetic Entropy*, Waterloo (New York/USA): FMS Publications: 4. Auflage 2014.

3.2.2 Die darwinistische Evolution funktioniert nicht einmal theoretisch.

Schlimmer noch: Der hypothetische Evolutionsprozess, der von selbst Ordnung und Komplexität schaffen soll, funktioniert nicht einmal theoretisch. Denn alle zentralen Annahmen der darwinistischen Evolution wurden widerlegt, was einer ständig wachsenden Anzahl von Biologen klar wird. Einer von ihnen ist Denis Noble (* 1936):

»Alle zentralen Annahmen der Modernen Synthese – oft auch als Neo-Darwinismus bezeichnet – wurden widerlegt.«[42]

Die auf Charles Darwin (1809–1882) zurückgehende Evolutionstheorie, die vor mehr als 160 Jahren aufgestellt wurde, konnte sich lange behaupten, da die Wissenschaft damals noch nicht so viel wusste. Mit den zunehmenden Erkenntnissen auf den Gebieten der modernen Genetik und der Molekularbiologie wird jedoch immer deutlicher, dass Darwin nicht recht hatte. Leben besteht auf molekularer Ebene aus einer Vielzahl eng miteinander verzahnter Maschinen, darunter auch Rotationsmotoren und Pumpen.

Laut dem berühmten Genetiker John Haldane (1892–1964) reicht dies allein aus, um Evolution zu widerlegen:

»Evolution könnte niemals verschiedene Mechanismen wie das Rad oder den Elektromagneten hervorbringen, die ja keinen Nutzen hätten, ehe sie nicht perfekt ausgebildet wären […]. Würde man aber dennoch derartige Maschinen in Organismen finden, wäre Evolution widerlegt.«[43]

---

42 Denis Noble, »Physiology is rocking the foundations of evolutionary biology«, in: *Experimental Physiology*, 2013, Bd. 98, Nr. 8, S. 1235-1243.

43 Douglas Dewar, L. Merson Davies und John B.S. Haldane, *Is Evolution a Myth? – A Debate between Douglas Dewar and L. Merson Davies for The Evolution Protest Movement and John B. S. Haldane for The Rationalist Press Association Ltd.*, London: C.A. Watts & Co. Ltd. / The Paternoster Press, 1949, S. 90.

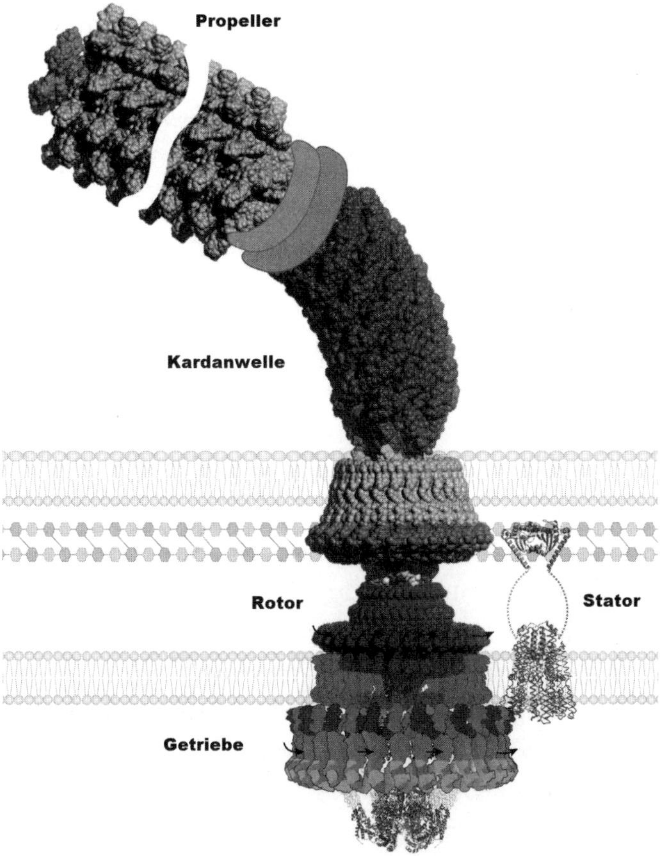

Abbildung 8 zeigt den Antriebsmechanismus des Darmbakteriums *Escherichia coli*. Er verfügt über ein Getriebe, einen Rotor, einen Stator, eine Kardanwelle und einen Propeller. Der Motor dreht sich mit 16 200 Umdrehungen pro Minute, ist protonengetrieben und kann nahtlos vom Vorwärts- in den Rückwärtsgang schalten. Er ist so winzig, dass 1500 Motoren nebeneinandergestellt gerade einmal der Dicke eines typischen menschlichen Haares entsprechen.[44]

44 Sonia Mondino, Fabiana San Martin und Alejandro Buschiazzo, »3D cryo-EM imaging of bacterial flagella: Novel structural and mechanistic insights into cell motility«, in: *Journal of Biological Chemistry*, 2022, Bd. 298, Nr. 7, Artikelnummer 102105; online verfügbar unter https://doi.org/10.1016/j.jbc.2022.102105 (abgerufen am 08. 01. 2026).

Nicht nur der Mensch, sondern bereits so »primitive« Lebewesen wie Bakterien verfügen über diese fantastischen Maschinen. Dies ist am elektrischen Rotationsmotor im Darmbakterium *Escherichia coli* erkennbar (siehe Abbildung 8).

3.2.3 Es gibt keinen »Baum des Lebens«.

So verwundert es nicht, dass auch der von Darwin postulierte »Baum des Lebens« nicht existiert. Nach Darwins Theorie entstand alles Leben aus einer »Urzelle«, die sich dann durch Evolution in immer neue Arten von Lebewesen aufspaltete – bis hin zum Menschen. Wenn man die Lebewesen jedoch nicht nur oberflächlich anhand von Knochenfunden bzw. Fossilien analysiert, wie Darwin es tat, sondern mithilfe moderner Technologie auf die Ebene des Erbguts vordringt, wird die Wahrheit offenbar. Der Genetiker Eric Bapteste (* 1978) sagte:

»Lange Zeit galt es als heiliger Gral, einen Baum des Lebens zu konstruieren. Wir haben keinerlei Beweise dafür, dass es den Baum des Lebens überhaupt gibt.«[45]

Wichtig ist zu verstehen, dass das auf der Bibel basierende Weltbild Anpassungsvorgänge nicht ablehnt. Die von Gott ursprünglich geschaffenen Tier- und Pflanzenarten konnten sich an unterschiedliche Lebensbedingungen anpassen, da Gott eine große Variabilität in ihr Erbgut eingebaut hatte. Der Unterschied zur Evolutionstheorie besteht jedoch darin, dass es keine Übergänge zwischen den von Gott ursprünglich geschaffenen Arten bzw. Grund-

---

45 Graham Lawton, »Why Darwin was wrong about the tree of life«, in: *New Scientist*, 2009, Bd. 201, Nr. 2692, S. 34-39; online verfügbar unter https://www.newscientist.com/article/mg20126921-600-why-darwin-was-wrong-about-the-tree-of-life (abgerufen am 08. 01. 2026).

typen gab. Anstelle eines »Baums des Lebens«, der immer neue Arten von Lebewesen hervorbringt, gab es nur einen »Busch des Lebens«. Anstatt sich, ausgehend von einer »Urzelle«, zu verzweigen, spalteten sich die einzelnen Äste des Busches – die von Gott ursprünglich erschaffenen Arten – nur in weitere Unterarten auf. Die Äste des Busches gingen nicht ineinander über, sondern blieben getrennt, so wie Gott es von Anfang an gewollt hatte. Dieser »Busch des Lebens« wird von der modernen Genetik zunehmend bestätigt. Der Biochemiker Larry Moran (* 1956) gab zu:

»Die Urgeschichte des Lebens sieht eher wie ein Busch aus.«[46]

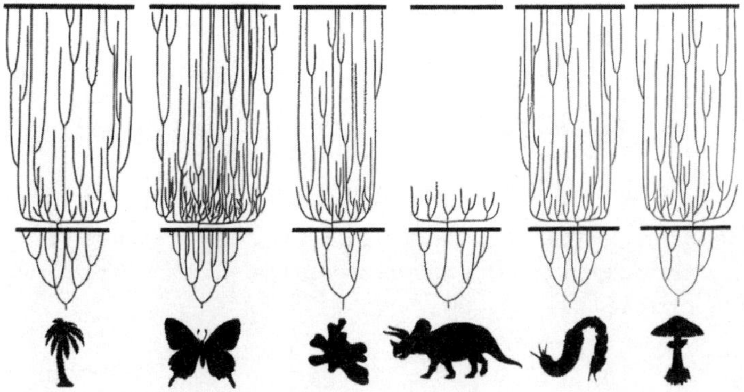

Abbildung 9 zeigt den biblischen »Busch des Lebens« schematisch mit verschiedenen geschaffenen Grundtypen, die sich in Unterarten verzweigten. Dieser »Busch des Lebens« wird von der modernen Genetik zunehmend bestätigt. Nach der Sintflut (untere horizontale Balken) fand eine Neubesiedlung der Erde und eine erneute Verzweigung in Unterarten statt, die bis zur Gegenwart (obere horizontale Balken) reicht.[47]

46 Larry Moran, »Craig Venter Discusses the Tree of Life«, in: *Sandwalk* (Blog), veröffentlicht am 10. 02. 2013; online verfügbar unter https://sandwalk.blogspot.com/2013/02/craig-ventor-discusses-tree-of-life.html (abgerufen am 08. 01. 2026).

47 Chris Light, *Evolution of species exhibit*, bearbeitet von Markus Blietz (Farbanpassung und Beschnitt); online verfügbar unter https://commons.wikimedia.org/wiki/File:Human_evolution_tree_vs_Jehovahs_creation_orchard.jpg (abgerufen am 08. 01. 2026).

Abbildung 10 zeigt Darwins »Baum des Lebens«, der sich in immer neue Arten von Lebewesen aufspaltet. Dieser »Baum des Lebens« wird von der modernen Genetik jedoch nicht bestätigt.[48]

3.2.4 Sogar die einfachsten Lebensformen konnten nicht von selbst entstehen.

Bevor die Evolution »von der Urzelle zum Menschen« überhaupt hätte beginnen können, musste zuerst die »Urzelle« entstehen. Doch selbst die einfachste hypothetische »Urzelle« ist unvorstellbar komplex. Der Chemiker Harold Urey (1893 – 1981) stellte daher fest:

48 Ebenda.

»Wir alle, die wir den Ursprung des Lebens studieren, entdecken, dass wir – je mehr Einblick wir gewinnen – mehr und mehr den Eindruck gewinnen, dass Leben zu komplex ist, um sich irgendwo entwickelt zu haben. Wir alle glauben daran, wie an ein Glaubensbekenntnis, dass sich auf diesem Planeten Leben aus toter Materie entwickelte.«[49]

Hinzu kommt noch folgendes Problem: Jede Zelle ist mit einem Computer vergleichbar. Mithilfe ihrer Hardware führt sie eine Software aus. Die Hardware besteht dabei aus den vielen winzigen Organellen in der Zelle, die Software aus dem genetischen Code, der in der DNS (Desoxyribonukleinsäure) gespeichert ist. Selbst wenn die Hardware auf natürliche Weise entstanden wäre, gäbe es keine Erklärung dafür, wie die Software ebenfalls von selbst hätte entstehen können. Denn diese Software beinhaltet riesige Mengen an hochkomplexer Information. Der Physiker Paul Davies (* 1946) gesteht die Ratlosigkeit vieler Wissenschaftler ein:

»Wie konnten dumme Atome von selbst ihre eigene Software schreiben […]? Niemand weiß es.«[50]

3.2.5 Die Auferstehung von Jesus Christus ist eine historische Tatsache.

Neben den naturwissenschaftlichen Einwänden gegen das biblische Weltbild, die sich, wie ich kurz gezeigt habe, entkräften lassen, gibt es auch Einwände aus der Geschichtswissenschaft bzw. der histo-

49 Harold Urey, in: Wendell R. Bird, *The Origin of Species Revisited*, Nashville: Thomas Nelson, 1991, S. 325.

50 Paul C. W. Davies, »Life force«, in: *New Scientist*, 1999, Bd. 163, Nr. 2204, S. 26-30; online verfügbar unter https://www.newscientist.com/article/mg16322044-700-life-force (abgerufen am 08. 01. 2026).

rischen Wissenschaft. Diese Wissenschaft befasst sich mit einmaligen Ereignissen der Vergangenheit, die sich nicht durch Experimente in der Gegenwart untersuchen lassen, sondern die auf historischen Aufzeichnungen beruhen. Zu diesen historischen Aufzeichnungen zählt die Bibel.

Von den von mir in Kapitel 1 erwähnten Autoren von Ditfurth, Asimov, Heinlein und Clarke lehnten jedoch alle die in der Bibel beschriebenen Wunder von Jesus Christus – und insbesondere seine Auferstehung – ab. Laut von Ditfurth waren die biblischen Wunder und die Auferstehung keine historischen Tatsachen, sondern metaphorische Umschreibungen. Asimov betrachtete sie als mythologische Erzählungen. Heinlein interpretierte die Wunder und die Auferstehung als psychologische Projektionen. Und Clarke glaubte nicht an göttliches Eingreifen. Als junger Mensch vertraute ich ihren Aussagen, aber waren sie wirklich der Sache auf den Grund gegangen? Konnten sie beweisen, dass es sich bei den Evangelien nur um Erfindungen und nicht um eine Beschreibung realer historischer Begebenheiten handelte?

Heute ist mir klar: Sie konnten es nicht beweisen. Niemand kann das. Im Gegenteil: Anhand der historischen Dokumente und archäologischen Funde kann man sogar eindeutig belegen, dass die Evangelien wahr sind! Dieser Indizienbeweis würde vor jedem modernen Gericht standhalten.

Das ist wahrscheinlich noch überraschender für Sie als die naturwissenschaftlichen Argumente, die ich Ihnen bisher dargelegt habe. Denn man hat uns beigebracht, dass die heutige Menschheit technologisch weiter entwickelt ist und mehr weiß als alle Generationen zuvor. Was hätten die Menschen vor 2000 Jahren uns also schon voraushaben sollen? Was konnten sie wissen, was wir heute nicht auch wissen?

Diese einseitige Sichtweise resultiert daraus, dass der moderne Mensch in der Regel der Meinung ist, die Naturwissenschaft sei die einzige Quelle der Wahrheit. Er betrachtet die Erfolge der Naturwissenschaft – wie Autos, Handys, Computer und Raketen – und vergleicht sie mit der »primitiven« Technologie der Menschen von damals. Doch neben der Naturwissenschaft gibt es eine weitere Quelle der Wahrheit: die bereits genannte historische Wissenschaft. Sie kann Dinge beweisen, die die Naturwissenschaft prinzipiell nicht beweisen kann.

Stellen Sie sich zum Beispiel vor, jemand wollte herausfinden, wo Sie geboren wurden. Selbst wenn diese Person Sie naturwissenschaftlich genau untersuchen würde – Ihren Körperaufbau, Ihre Körperfunktionen, ja, selbst jedes Atom in Ihrem Körper –, könnte sie diese Frage nicht beantworten. Sie lässt sich naturwissenschaftlich schlichtweg nicht klären. Die Sache ist jedoch ganz leicht zu klären, wenn man ein historisches Dokument wie eine Geburtsurkunde hat. In dieser steht, wann und wo Sie geboren wurden. Nun muss nur noch geklärt werden, ob dieses Dokument zuverlässig ist. Damit sind wir schon mitten in einer Ermittlung, wie sie auch heute noch vor Gericht bei der Aufklärung eines Verbrechens durchgeführt wird. Diese läuft nach fest definierten Prinzipien ab. In diesem Zusammenhang spricht man von einem Indizienbeweis.

Ein erstes Prinzip ist, dass man zwischen »möglich« und »vernünftig« unterscheiden muss. Dieses Prinzip bewahrt vor unvernünftigen Einwänden aller Art, die lediglich theoretische Gedankenkonstrukte sind, denen in der Praxis keine Bedeutung zukommt.

So ist es beispielsweise möglich, dass Sie sich nur einbilden, gerade dieses Buch zu lesen. Es ist möglich, dass Sie das nur träumen. Aber verstehen Sie: Vernünftig ist eine solche Annahme nicht!

Wenn ein Fall vor Gericht kommt, muss man sich von allen solchen Spekulationen distanzieren. Es dürfen nur die in den Akten beschriebenen Indizien herangezogen werden. Das Ziel besteht darin, zu einer vernünftigen Bewertung des Falls zu gelangen. Ein Fall gilt als abgeschlossen, wenn er »ohne vernünftigen Zweifel« ist. Zweifel, die lediglich theoretischer Natur sind und auf unwahrscheinlichen, spekulativen Annahmen beruhen, werden ignoriert.

Ein zweites Prinzip besagt, dass abduktives Denken angewendet werden muss. Das bedeutet, dass man Erklärungen für die vorliegenden Indizien ableitet, die glaubhaft, vernünftig, möglichst einfach und logisch sind. Mithilfe abduktiven Denkens können Behauptungen wie etwa jene, dass nicht Jesus Christus, sondern eine andere Person gekreuzigt worden sei, widerlegt werden.

Ein drittes Prinzip besagt, dass Beweismittelketten aufgebaut werden müssen. Diese sind erforderlich, um nachzuweisen, dass die verwendeten Indizien nicht verfälscht wurden.

Mit diesen drei Prinzipien im Gepäck kann man nun wie ein Kriminalinspektor vorgehen, um herauszufinden, ob die Evangelien und insbesondere ihr Kern, nämlich die Auferstehung von Jesus Christus, wahr sind. Um den Indizienbeweis zu führen, sind vier Schritte nötig.

Erstens muss überprüft werden, ob es Augenzeugen gab. Führt man diese Überprüfung durch, stellt man fest, dass dies der Fall ist. Als die Evangelien im ersten Jahrhundert nach Christus aufgeschrieben wurden, gab es noch viele lebende Augenzeugen.

Zweitens muss überprüft werden, ob diese Augenzeugen vertrauenswürdig waren. Das Ergebnis dieser Überprüfung ist, dass sie tatsächlich vertrauenswürdig waren. Weder haben die Augenzeugen getäuscht, noch wurden sie selbst getäuscht.

Drittens muss überprüft werden, ob die Evangelien bestätigt wurden. Das ist der Fall, wie innere und äußere Indizien beweisen. Innere Indizien sind solche, die mithilfe des sozialen, kulturellen und geschichtlichen Kontexts aus den Evangelien selbst abgeleitet werden. Äußere Indizien sind schriftliche Zeugnisse nichtchristlicher Autoren sowie archäologische Funde, die den Inhalt der Evangelien bestätigen.

Viertens muss überprüft werden, ob die Evangelien korrekt überliefert wurden. Auch das ist der Fall, denn es gibt eine lückenlose Kette von Überlieferungen, die von den ersten Manuskripten bis zu den heutigen Evangelien reicht.

Insgesamt bestehen die Evangelien alle vier Überprüfungen. Das bedeutet, dass sie vor einem modernen Gericht – wenn sie denn vor Gericht stünden – für wahr befunden würden.

Dies ist nur eine kurze Zusammenfassung der Beweisführung. Eine umfassendere Version findet sich in meinem Vortrag »Die Evangelien – eine Legende?«. Er kann über meine Website[51] bzw. über den dortigen Link zu meinem YouTube-Kanal[52] abgerufen werden.[53] Wer eine noch ausführlichere Version möchte, kann sich anhand umfangreicher Bücher informieren.[54,55]

---

51 Janash – Werde Mensch, Online-Plattform zur Förderung des christlichen Glaubens; online verfügbar unter https://www.janash.org (abgerufen am 08. 01. 2026).

52 https://www.youtube.com/janashde (abgerufen am 08. 01. 2026).

53 Direkter Link zum Video: https://www.youtube.com/watch?v=hHteymbUaLI (abgerufen am 08. 01. 2026).

54 J. Warner Wallace, *Ungelöster Fall Christentum. Ein Mordkommissar hinterfragt die Aussagen der Evangelien*, Dillenburg: Christliche Verlagsgesellschaft, 2023.

55 Andrew Loke, *Investigating the Resurrection of Jesus Christ: A New Transdisciplinary Approach*, Abingdon (England)/New York City: Routledge, 2020.

3.3 Die Wahl zwischen Naturalismus und biblischem Weltbild ist eine persönliche Entscheidung.

Aus den kurzen Ausführungen dieses Kapitels kann der Leser erkennen, dass es ein auf der Bibel basierendes Weltbild gibt, das sowohl die Daten der Naturwissenschaft als auch der historischen Wissenschaft schlüssig erklärt. Dieses Weltbild steht im Gegensatz zum naturalistischen Weltbild, das versucht, alles mithilfe bekannter natürlicher Prozesse zu erklären. Wenn Sie das noch nicht wussten, dann liegt das daran, dass Sie sehr einseitig informiert wurden. Man hat Ihnen schlichtweg die alternative Deutung der Erd- und Weltgeschichte vorenthalten. Denn die Wissenschaftler, die das naturalistische Weltbild vertreten, schließen von vornherein aus, dass der Gott der Bibel durch Wunder in die Erd- und Weltgeschichte eingreift. Sie sind nicht durch die Wissenschaft zu dieser Annahme gezwungen. Vielmehr haben sie sich aus eigenem Willen dazu entschlossen, nichts anderes als natürliche Prozesse zuzulassen. Richard Lewontin (1929 – 2021), ein bekannter Biologe und Atheist, schrieb:

»Nicht, dass die Methoden und Institutionen der Wissenschaft uns auf irgendeine Weise zwingen würden, die materialistische Erklärung der Phänomene der Welt zu akzeptieren […]. Darüber hinaus ist dieser Materialismus absolut, denn wir können keinen göttlichen Fuß in der Tür zulassen.«[56]

Die Alternative ist, sich auf den Gott der Bibel einzulassen.

Dieser Gott ist treu und hält die von ihm geschaffenen Naturgesetze aufrecht. Würde er das nicht tun, wären weder Natur-

---

56 Richard C. Lewontin, »Billions and Billions of Demons«, in: *The New York Review of Books*, 1997, Bd. 44, Nr. 1, S. 31; online verfügbar unter https://www.nybooks.com/articles/1997/01/09/billions-and-billions-of-demons (abgerufen am 08. 01. 2026).

wissenschaft noch ein normales Zusammenleben möglich. Wenn sich beispielsweise das Gesetz der Trägheit von Tag zu Tag ändert, wird der Straßenverkehr zum reinen Glücksspiel. Bremswege wären nicht mehr berechenbar. An einem Tag würde man sofort zum Stehen kommen, am nächsten Tag erst nach mehreren Hundert Metern. Die Folge wären unzählige Auffahrunfälle, da sich nicht mehr abschätzen ließe, wie schnell ein Auto zum Stillstand kommt.

Dieser Gott ist aber auch ein Gott der Wunder und hat zu bestimmten Zeiten übernatürlich in die Erd- und Weltgeschichte eingegriffen. Die Bibel beschreibt dieses Handeln nicht in allen Einzelheiten, zeigt aber die wesentlichen Eckpunkte auf: die Schöpfung, den Sündenfall, die Sintflut, den Turmbau zu Babel und die Geschichte der Patriarchen (Abraham, Isaak, Jakob) und des Volkes Israel bis hin zu Jesus Christus und dem Ausblick auf die Ewigkeit.

Kapitel 4 – Ein neues Leben

Ich hatte nicht nur ein neues Weltbild angenommen, sondern auch ein neues Leben begonnen. Dieses neue Leben ist nicht von langweiliger Religion geprägt, sondern es ist herausfordernd. Es ist ein Leben, in dem ich mich auf einen unsichtbaren Gott verlasse, der dennoch stets bei mir ist.

Zunächst einmal gab ich überall von meinem Glauben Zeugnis. Selbst bei der Arbeit betete ich laut in Besprechungen und schloss jede meiner E-Mails mit Bibelversen ab. Allerdings ging ich in meinem Überschwang zu weit, verärgerte einige Kollegen sehr und musste mich vor der Personalabteilung verantworten. In der Besprechung mit dem Leiter der Personalabteilung wurde mir erklärt, dass ich

»meinen Glauben an der Werkspforte abgeben«

müsse. Man müsse die religiösen Minderheiten vor mir schützen. Doch da trat mein damaliger Chef, der ebenfalls bei dem Gespräch zugegen war, plötzlich für mich ein und meinte, dass ich in den Pausen über meinen Glauben sprechen dürfte. So kam ich glimpflich davon und lernte, dass ich bei der Verkündigung des Evangeliums klüger vorgehen musste. Ganz nach dem, was Jesus Christus einmal seinen Jüngern gesagt hatte:

»… so seid nun klug wie die Schlangen und ohne Falsch wie die Tauben.«[57]

57 Bibel, Matthäus 10,16b; online verfügbar unter https://www.csv-bibel.de/bibel/matthaeus-10 (abgerufen am 09.01.2026).

Ich passte meine Evangelisationsmethode an, indem ich viel mehr für meine Arbeitskollegen betete und ihnen nur noch gelegentlich DVDs, Schriften usw. zum Lesen anbot. Wann immer mich jemand fragte, gab ich Zeugnis über meinen Glauben und beantwortete seine Fragen. So mache ich es heute noch. Dennoch stelle ich fest, dass die meisten Menschen dem Evangelium aus dem Weg gehen. Nur wenige sind bereit, umzukehren. Tatsächlich hatte sich meines Wissens, seitdem ich selbst zum Glauben an Jesus Christus gefunden hatte, nur ein einziger Kollege bekehrt. Die meisten anderen waren gleichgültig. Und diejenigen, die anfangs interessiert waren, verloren schnell wieder das Interesse, als ihnen klar wurde, dass sie ihr altes Leben aufgeben und für Gott leben müssten.

Neben der Tatsache, dass ich nun das Evangelium verkündete, veränderte sich noch viel mehr, und zwar in allen Bereichen meines Lebens.

4.1 Freude an der Schöpfung

Zunächst einmal konnte ich mich zum ersten Mal in meinem Leben wirklich an der Schöpfung erfreuen. Früher, als ich noch Naturalist gewesen war, war meine Freude über die Natur immer nur von kurzer Dauer. Denn alle Lebensformen waren für mich nur Übergangsformen. Betrachtete ich etwa einen Hund oder eine Katze, sah ich in ihnen nur Lebensformen, die sich in einem bestimmten Stadium der Evolution befanden. Ob es mit Hund oder Katze überhaupt weiterging, war unklar, denn es könnte sich ja in den nächsten Jahrmillionen herausstellen, dass sowohl Hund als auch Katze evolutionäre Sackgassen waren, die letztlich ausstarben. Selbst beim Menschen konnte man sich nicht sicher sein, dass er ein erfolgreicher evolutionärer Ast war. Vielleicht würde auch der Mensch letztlich aussterben, und die Evolution würde mit Tintenfischen weitermachen, die dann in ferner Zukunft eine technologisch hoch entwickelte Unterwasserzivilisation entwickelten.

In meinem neuen biblischen Weltbild sah ich die Schöpfung hingegen mit ganz anderen Augen. Ich begann, die Genialität Gottes zu erkennen. Das wurde mir besonders bei dem Hund klar, den wir unserer Tochter geschenkt hatten. Es war ein Sheltie, auch Shetland Sheepdog genannt. Für uns war er eine kleine »Lassie«. Er hatte viele erstaunliche Verhaltensweisen, die ihn zu einem idealen Gefährten des Menschen machten. Er zeigte Gefühle wie Freude oder Trauer. Am meisten beeindruckte mich, wie wenig er oft zum Glücklichsein brauchte. Wenn sein Herrchen in der Nähe war, lag er völlig zufrieden zu dessen Füßen. Hauptsache, er war dort, wo sein Herrchen war. Das zeigte mir, dass es in der Beziehung zwischen Gott und uns ganz ähnlich sein sollte. Wenn wir in der Gegenwart Gottes sind, sollte uns das genügen. Tatsächlich hat Gott den Menschen als Gefährten erschaffen. Ja, mehr noch: Im Neuen Testament wird sogar davon gesprochen, dass die Gesamtheit aller Gläubigen die Braut Christi ist. Wir Menschen existieren nicht um unserer selbst willen, sondern weil Gott es so wollte. Solange wir nicht in dieser Gemeinschaft mit Gott leben, für die wir erschaffen wurden, können wir keinen inneren Frieden und keine dauerhafte Freude finden.

4.2 Freude darüber, den Sinn des Lebens gefunden zu haben

Zur Freude an der Schöpfung kam die Freude darüber, endlich den Sinn des Lebens gefunden zu haben. Die meisten Menschen wissen nicht, was der Sinn ihres Lebens ist. Sie sind wie Passagiere eines Schiffs, die einen Gedächtnisverlust erlitten haben. Sie können sich nicht mehr daran erinnern, wo sie das Schiff bestiegen haben, warum sie sich an Bord befinden und wohin die Reise geht. Genauso ratlos lässt das naturalistische Weltbild diejenigen zurück, die daran glauben.

Die Antwort auf die Frage »Woher komme ich?« beantwortet das naturalistische Weltbild damit, dass ich lediglich das Ergebnis eines Jahrmilliarden währenden, zufallsgesteuerten Evolutionsprozesses sei. Bevor ich gezeugt wurde, gab es mich als Individuum schlichtweg nicht.

Die Antwort auf die Frage »Wozu bin ich hier?« lautet in jenem Weltbild, dass ich lediglich eine Zwischenstufe in diesem Prozess sei. Mein Leben als Individuum hat letztlich keinen Sinn. Es ist demnach am besten, wenn ich dieses kurze Leben einfach genieße und mir keine weiteren Gedanken mache.

Und die Antwort auf die Frage »Wohin gehe ich?« lautet im Naturalismus so: Weil ich nur eine unbedeutende Zwischenstufe auf dem Weg zu einer höheren Lebensform bin, endet mein Leben als Individuum mit dem Tod.

Die Evolutionstheorie kann dem Leben des Individuums keinen Sinn geben. Entsprechend schrieb Albert Einstein:

»Wer sein eigenes Leben und das seiner Mitmenschen als sinnlos empfindet, der ist nicht nur unglücklich, sondern auch kaum lebensfähig.«[58]

Das biblische Weltbild verleiht hingegen jedem einzelnen Menschen einen ganz besonderen Wert.

58 Albert Einstein, *Mein Weltbild*, Amsterdam: Querido Verlag, 1934, Abschnitt »Vom Sinn des Lebens«, S. 12.

Die Antwort auf die Frage, woher ich komme, lautet nämlich, dass ich ein Nachkomme der ersten Menschen bin, die ein allmächtiger Gott vor circa 6000 Jahren erschuf. Gott erschuf den ersten Menschen und auch mich in seinem Bild. Ich bin kein Produkt eines zufallsgesteuerten, Jahrmilliarden währenden Evolutionsprozesses, sondern ich existiere, weil Gott es von Ewigkeit her so wollte. Ich bin nicht mit den Tieren verwandt, sondern eine einzigartige Schöpfung Gottes. Er hat mich so erschaffen, dass ich ihm ähnlich bin, und er hat mir einen Körper, einen Geist und eine Seele gegeben.

Die Antwort auf die Frage, wozu ich hier bin, lautet, dass es nicht darum geht, meine irdischen Bedürfnisse zu befriedigen und mein Leben zu genießen. Stattdessen bin ich hier, um Gott kennen und lieben zu lernen.

Und die Antwort auf die Frage, wohin ich gehe, lautet: Wenn ich nicht umkehre und an Jesus Christus, den Sohn Gottes, glaube, verfehle ich das Ziel meines Lebens. Nach dem Tod werde ich vor Gottes Gericht stehen und verdammt werden! Entscheide ich mich hingegen für ein Leben mit Gott, werde ich die Ewigkeit zusammen mit ihm in seiner Herrlichkeit verbringen.

4.3 Freude an der neu gewonnenen Familie von Gläubigen

Zur Freude darüber, endlich den Sinn meines Lebens gefunden zu haben, kam die Freude darüber hinzu, Teil einer großen Familie geworden zu sein. Früher, vor meiner Bekehrung, war ich ein stolzer Einzelkämpfer. Selbst nachdem ich verheiratet war, versuchte ich, mein Leben allein zu leben und möglichst keine fremde Hilfe in Anspruch zu nehmen. Ich war diesen Weg so konsequent gegangen, dass ich vor meiner Bekehrung bis auf einen oder zwei Arbeitskollegen, mit denen ich mich selten traf, keine Freunde mehr hatte. Ich war wie ein einsamer Wolf geworden.

Jetzt aber war ich ein Teil einer Gruppe von Gläubigen, der Ortsgemeinde, die wiederum Teil der viel größeren Gruppe aller Gläubigen auf dieser Welt ist. Ich war kein einsamer Wolf mehr, sondern eines von vielen Schafen in der Herde. Wo auch immer ich hinkomme, um meine Vorträge zu halten und dort bei Glaubensgeschwistern zu übernachten, fühle ich mich wie zu Hause in einer Familie. Obwohl ich meine Gastgeber oft zum ersten Mal sehe, ist von Anfang an eine Vertrautheit vorhanden, als ob wir uns schon lange kennen würden. Das ist nur durch den Geist Gottes möglich. Denn durch den Glauben an Jesus Christus erfährt ein Mensch die geistliche Wiedergeburt. Er wird in die Familie Gottes hineingeboren. Diese geistliche Geburt ist absolut unerlässlich, um errettet zu werden. Jesus Christus sagte:

»Wahrlich, wahrlich, ich sage dir: Wenn jemand nicht von Neuem geboren wird, so kann er das Reich Gottes nicht sehen.«[59]

4.4 Freude an der Freiheit

Etwas, was meine Freude noch mehr vergrößerte, war die Tatsache, dass ich nicht mehr den Drang verspürte, unbedingt mehr Zeit für mich selbst und meine Hobbys haben zu müssen. Tatsächlich hatte ich meine Hobbys aufgegeben. Früher drehte es sich bei mir in erster Linie alles um mich selbst und ich war stets bestrebt, für mich

59 Bibel, Johannes 3,3b; online verfügbar unter https://www.csv-bibel.de/bibel/johannes-3 (abgerufen am 09.01.2026).

selbst das Beste herauszuholen. Sogar wenn ich anderen Menschen Gutes tat, geschah dies nie ganz ohne eigennützige Gedanken – sei es auch nur, um mich als Wohltäter zu fühlen.

Heute lebe ich nicht mehr für mich selbst, sondern für Gott. Ich empfinde das als wahre Freiheit. In der Welt dreht sich alles darum, etwas zu sein, etwas zu haben oder etwas zu tun, um das eigene Ich zufriedenzustellen. Da dies jedoch auf Dauer nicht gelingt, sind die meisten Menschen mit ihrem Leben unzufrieden und haben ständig das Gefühl, etwas zu verpassen. Davon wird man nur frei, wenn man nicht mehr wie der Rest der Welt lebt, sondern sich stattdessen in das Bild Gottes verwandeln lässt. Davon spricht der Apostel Paulus im Brief an die Römer:

»Und seid nicht gleichförmig dieser Welt, sondern werdet verwandelt durch die Erneuerung eures Sinnes, dass ihr prüfen mögt, was der gute und wohlgefällige und vollkommene Wille Gottes ist.«[60]

4.5 Freude an Gott

In meinen Vorträgen können die Menschen die Freude und Begeisterung spüren, die aus dieser Verwandlung resultieren. Ich bin von Gottes Genialität und Allmacht begeistert, die sich in seiner Schöpfung widerspiegeln. Denn er erschuf die gesamte, unvorstellbar komplexe Schöpfung in sechs gewöhnlichen 24-Stunden-Tagen allein durch sein Wort. Dafür brauchte er keinen Jahrmilliarden währenden, zufallsgesteuerten Prozess. Ich staune auch über seine Geduld mit uns Menschen, seine Leidensbereitschaft und seine Liebe, die sich im Opfer seines Sohnes Jesus Christus am

60 Bibel, Römer 12,2; online verfügbar unter https://www.csv-bibel.de/bibel/roemer-12 (abgerufen am 16.01.2026).

Kreuz ausdrückt. Vor allem aber bewundere ich seine Großzügigkeit, allen, die an seinen Sohn glauben, das ewige Leben als Kinder Gottes und Miterben Christi zu schenken.

Davon schreibt der Apostel Johannes in seinem Evangelium:

»... so viele ihn aber aufnahmen, denen gab er das Recht, Kinder Gottes zu werden, denen, die an seinen Namen glauben ...«[61]

Und der Apostel Paulus lässt uns im Brief an die Römer wissen:

»Wenn aber Kinder, so auch Erben – Erben Gottes und Miterben Christi, wenn wir nämlich mitleiden, damit wir auch mitverherrlicht werden.«[62]

61 Bibel, Johannes 1,12; online verfügbar unter https://www.csv-bibel.de/bibel/johannes-1 (abgerufen am 19. 01. 2026).

62 Bibel, Römer 8,17; online verfügbar unter https://www.csv-bibel.de/bibel/roemer-8 (abgerufen am 19. 01. 2026).

Kapitel 5 – Und Sie?

In Kapitel 3 hätte ich noch viele gläubige Christen nennen können, die die moderne Naturwissenschaft begründeten. In diesem letzten Kapitel, das sich vor allem an den Leser persönlich richtet, will ich aber nur noch auf einen weiteren gläubigen Christen hinweisen: Michael Faraday (1791 – 1867). Faraday war Experimentalphysiker und -chemiker. Seine Experimente legten den Grundstein für die Theorie des Elektromagnetismus. Ohne diese wäre unsere heutige Welt mit all ihrer Elektronik und Elektrotechnik undenkbar. Der Physiker James Clerk Maxwell (1831 – 1879), der die Theorie des Elektromagnetismus formulierte, schrieb über Faraday:

»Faraday ist der Vater […] des Elektromagnetismus und wird dies immer bleiben.«[63]

Michael Faradays christlicher Glaube war der tiefste Grund seiner Identität als Mensch und Wissenschaftler. Seine Überzeugung, dass die natürliche Welt Gottes Schöpfung ist, die von göttlichen Gesetzen regiert wird, war der Motor für seine bahnbrechenden wissenschaftlichen Forschungen. Faradays Bescheidenheit, seine Hingabe und sein Forscherdrang sind bis heute ein eindrucksvolles Beispiel dafür, wie der christliche Glaube mit der Wissenschaft harmoniert und sie beflügelt.

---

63 James C. Maxwell, »Scientific Worthies I. – Faraday«, in: *Nature*, 1873, Bd. 8, S. 400.

Abbildung 11 zeigt Michael Faraday, einen der Begründer der modernen Naturwissenschaft und gläubigen Christen.[64]

Faraday wies nachdrücklich darauf hin, dass die physische Welt ihren göttlichen Ursprung offenbart. Er schrieb:

»Gott hat es für gut befunden, in seiner materiellen Schöpfung durch Gesetzmäßigkeiten zu wirken […]. Der Schöpfer regiert seine materiellen Werke durch definierte Gesetze, die sich aus den auf die Materie einwirkenden Kräften ergeben.«[65]

64 Unbekannter Fotograf, *Michael Faraday sitzend*, ca. 1850er-Jahre; online verfügbar unter https://commons.wikimedia.org/wiki/File:Michael_Faraday_sitting_crop.jpg (abgerufen am 09. 01. 2026).

65 A. K.: *Michael Faraday (1791–1867) and his special links between religion and science*, veröffentlicht am 19. 04. 2017; online verfügbar unter https://www.vedic-heritage.net/michael-faraday-1791-1867-special-links-religion-science (abgerufen am 09. 01. 2026).

Faraday war Teil einer christlichen Glaubensgemeinschaft, die die im ersten Kapitel der Bibel beschriebene Erschaffung der Welt vor circa 6000 Jahren innerhalb von sechs gewöhnlichen 24-Stunden-Tagen als historische Tatsache akzeptierte. Sie glaubte auch an alle anderen historischen Ereignisse, von denen die Bibel berichtet, insbesondere an den Sündenfall und die Sintflut als Gottes Gericht über die gesamte Erde.

Faraday erkannte auch, dass Gott neben den Naturgesetzen ein geistliches Gesetz in Kraft gesetzt hatte. Dieses geistliche Gesetz fordert, dass bereits die kleinste Sünde mit dem Tod und der ewigen Verdammnis bestraft wird. Denn Gottes moralischer Maßstab ist Perfektion. Da kein Mensch diesen Maßstab aus sich selbst heraus erfüllen kann, setzte Faraday sein ganzes Vertrauen in Jesus Christus. Obwohl unschuldig, wurde Jesus Christus zum Tod am Kreuz verurteilt. Er ließ dies freiwillig mit sich geschehen, denn durch seinen Tod bezahlte er die Schuld aller Menschen, die glauben, gegenüber Gott. Faraday glaubte daran und hatte daher Frieden mit Gott. Dieser Frieden ließ ihn furchtlos und mit voller Zuversicht in den Tod gehen, denn er wusste, welche Herrlichkeit ihn danach erwarten würde. In seinen letzten Tagen schrieb er:

»Ein solcher Friede ist allein Gottes Gabe, und da Er es ist, der ihn schenkt, warum sollten wir uns fürchten? Seine unaussprechliche Gabe in Seinem geliebten Sohn ist die Grundlage einer unerschütterlichen Hoffnung.«[66]

Mit seiner Entscheidung für Jesus Christus hatte sich Faraday für die enge Pforte und den schmalen Weg entschieden. Vor diese Wahl sind wir alle gestellt. Denn Jesus Christus appelliert in der Bibel an uns:

---

66 Ebenda.

»Geht ein durch die enge Pforte; denn weit ist die Pforte und breit der Weg, der zum Verderben führt, und viele sind, die durch sie eingehen. Denn eng ist die Pforte und schmal der Weg, der zum Leben führt, und wenige sind, die ihn finden.«[67]

Der breite Weg bedeutet, dass man versucht, das Leben auf dieser Welt ganz nach eigenen Vorstellungen zu gestalten. Der schmale Weg ist geprägt von Bescheidenheit, Hingabe und Selbstverleugnung. Er schenkt einen inneren Frieden und eine Freude, die die Welt nicht geben kann, sowie nach diesem Leben eine unvorstellbare Herrlichkeit in Gottes unmittelbarer und sichtbarer Gegenwart. Der breite Weg hingegen endet mit diesem kurzen Leben und mündet in Gottes Gericht und der ewigen Verdammnis im Feuersee.[68]

Als junger Mensch entschied ich mich für den breiten Weg, denn ich wollte alles mit meinem eigenen Verstand verstehen. Ich wollte nicht an Gott glauben, ohne einen sichtbaren, mit dem Verstand erfassbaren Beweis für seine Existenz zu haben. In der Bibel steht jedoch, dass man, um zu Gott zu kommen, zuerst glauben muss, dass er existiert:

»Ohne Glauben aber ist es unmöglich, ihm wohlzugefallen; denn wer Gott naht, muss glauben, dass er ist und denen, die ihn suchen, ein Belohner ist.«[69]

So, wie es bei mir war, ist es bei vielen Menschen heute. Bevor sie an Gott glauben, wollen sie zuerst einen sichtbaren Beweis für seine Existenz. Doch die Bibel erklärt uns, dass wir zuerst von den

---

67 Bibel, Matthäus 7,13-14; online verfügbar unter https://www.csv-bibel.de/bibel/matthaeus-7 (abgerufen am 09.01.2026).

68 Vgl. z. B. Bibel, Offenbarung 20,15: *»Und wenn jemand nicht geschrieben gefunden wurde in dem Buch des Lebens, so wurde er in den Feuersee geworfen.«* Online verfügbar unter https://www.csv-bibel.de/bibel/offenbarung-20 (abgerufen am 09.01.2026).

69 Bibel, Hebräer 11,6; online verfügbar unter https://www.csv-bibel.de/bibel/hebraeer-11 (abgerufen am 09.01.2026).

unsichtbaren Tatsachen überzeugt sein müssen. Erst dann können wir durch den Glauben verstehen, dass es Gott gibt und dass er alles Sichtbare aus dem Nichts erschaffen hat:

»Der Glaube aber ist eine Verwirklichung dessen, was man hofft, eine Überzeugung von Dingen, die man nicht sieht. […] Durch Glauben verstehen wir, dass die Welten durch Gottes Wort bereitet worden sind, sodass das, was man sieht, nicht aus Erscheinendem geworden ist.«[70]

Letztlich ist unser Stolz das Problem. Wir wollen nicht an Gott glauben, weil wir uns vor ihm nicht demütigen wollen und wir nicht zugeben wollen, dass wir ohne ihn nichts sind.

So war es auch in meinem Leben. Erst in meiner schwersten persönlichen Krise rief ich um Hilfe. Zuvor war ich zu stolz, um um Hilfe zu rufen. Und obwohl ich nicht nach Gott selbst rief, war er gnädig und gab sich mir zu erkennen. Ich musste meinen Stolz ein zweites Mal überwinden und alle menschlichen Erklärungsversuche wie »Urknall« oder »Evolution« aufgeben, um glauben zu können, dass Gott die Welt vor circa 6000 Jahren innerhalb von sechs Tagen allein durch sein Wort erschuf. Erst dann offenbarte Gott mir sichtbare Beweise für seine übernatürliche Schöpfung. Erst dann zeigte er mir die vielen wissenschaftlichen Indizien, die sein in der Bibel geschriebenes Wort bestätigen. Diese Indizien waren schon vorher vorhanden, aber da ich mich nicht demütigte, ließ Gott sie mich nicht erkennen.

Gott hat es so eingerichtet, dass wir ihn und sein Wort nicht allein mit unserem Verstand erfassen können, sondern uns erst vor ihm demütigen müssen. Er hat es zur Bedingung gemacht, dass

---

70 Bibel, Hebräer 11,1+3; online verfügbar unter https://www.csv-bibel.de/bibel/hebraeer-11 (abgerufen am 16.01.2026).

wir an seinen Sohn Jesus Christus glauben müssen, um vor Gottes Gericht, der ewigen Verdammnis, gerettet zu werden.

Denn Gott hasst den Stolz in uns. Der Stolz macht uns zu »kleinen Göttern« und leugnet den Anspruch Gottes auf unser Leben. Das ist äußerst unvernünftig, denn wir sind keine Götter. Wir haben uns nicht selbst erschaffen und sind sterblich und vergänglich. Es ist aber nicht nur unvernünftig, sondern auch von Grund auf böse. Denn anstatt stolz unser Haupt zu erheben, sollten wir Gott dankbar sein für das Leben, das er uns geschenkt hat. Aus Dankbarkeit und Liebe zu ihm sollten wir ein Leben im Gehorsam gegenüber Gott führen. Das gilt umso mehr, weil Gott seinen einzigen Sohn Jesus Christus sandte, der am Kreuz für unsere Rebellion mit seinem Leben bezahlte. Gott weckte ihn am dritten Tag wieder von den Toten auf, um allen zu zeigen, dass er das Opfer seines Sohnes anerkannte.[71]

Lieber Leser, bitte bedenke diese Dinge ernsthaft! Gottes geistliches Gesetz hat sich genauso wenig verändert wie die Naturgesetze, die er installiert hat. Niemand kann an diesem Gesetz vorbeikommen – genauso wenig, wie wir die Naturgesetze aufheben können. Denn es spiegelt Gottes vollkommen sündloses, heiliges Wesen und seinen einzigartigen Charakter wider – und die sind unveränderlich.

Ein *»Ich bin kein schlechter Mensch«* wird Ihnen am Ende nicht reichen. Sie haben mindestens *ein* Leben auf dem Gewissen, denn Jesus Christus musste auch wegen Ihrer persönlichen Schuld sterben. Wenn Sie Ihre eigene Schuld anerkennen und voll und ganz

71 Vgl. z. B. Bibel, Römer 4,23-25: *»Es ist aber nicht allein seinetwegen [= Abrahams wegen] geschrieben, dass es ihm zugerechnet worden ist, sondern auch unsertwegen, denen es zugerechnet werden soll, die wir an den glauben, der Jesus, unseren Herrn, aus den Toten auferweckt hat, der unserer Übertretungen wegen hingegeben und unserer Rechtfertigung wegen auferweckt worden ist.«* Online verfügbar unter https://www.csv-bibel.de/bibel/roemer-4 (abgerufen am 16. 01. 2026).

darauf vertrauen, dass Jesus Christus Ihnen durch sein Opfer am Kreuz und seine Auferstehung das ewige Leben schenken kann, werden Sie vor dem Gericht Gottes bewahrt. Ja, mehr noch: Gott wird einen neuen Menschen aus Ihnen machen, so wie er es sich von Anfang an gedacht hatte.[72]

Das Evangelium im Glauben anzunehmen, ist die einzige sinnvolle Antwort, die wir Gott auf das Opfer seines Sohnes geben können. Alles andere hieße, ihn und seine Gnade zu verachten.

»Denn so hat Gott die Welt geliebt, dass er seinen eingeborenen Sohn gab, damit jeder, der an ihn glaubt, nicht verlorengehe, sondern ewiges Leben habe. Denn Gott hat seinen Sohn nicht in die Welt gesandt, damit er die Welt richte, sondern damit die Welt durch ihn errettet werde. Wer an ihn glaubt, wird nicht gerichtet; wer aber nicht glaubt, ist schon gerichtet, weil er nicht geglaubt hat an den Namen des eingeborenen Sohnes Gottes.«[73]

---

72 Vgl. z. B. Bibel, 2. Korinther 5,17: »Daher, wenn jemand in Christus ist, da ist eine neue Schöpfung; das Alte ist vergangen, siehe, Neues ist geworden.« Online verfügbar unter https://www.csv-bibel.de/bibel/2-korinther-5 (abgerufen am 09. 01. 2026).

73 Bibel, Johannes 3,16-18; online verfügbar unter https://www.csv-bibel.de/bibel/johannes-3 (abgerufen am 09. 01. 2026).

Weiterführende Literatur

Batten, Don, *Gab es wirklich Eiszeiten?*, Pfäffikon (Schweiz): CLKV, 2016; online verfügbar unter https://www.janash.org/fragen-an-den-anfang.

Batten, Don, *Noahs Flut – woher kam all das Wasser?*, Pfäffikon (Schweiz): CLKV, 2020; online verfügbar unter https://www.janash.org/fragen-an-den-anfang.

Batten, Don, *Wie zuverlässig ist die Radiokohlenstoffdatierung?*, Pfäffikon (Schweiz): CLKV, 2020; online verfügbar unter https://www.janash.org/fragen-an-den-anfang.

Batten, Don / Bates, Gary, *Besuch von Ausserirdischen?*, Pfäffikon (Schweiz): CLKV, 2. Auflage 2025; online verfügbar unter https://www.janash.org/fragen-an-den-anfang.

Batten, Don / Sarfati, Jonathan, *15 Gründe für die Historizität der Genesis*, Pfäffikon (Schweiz): CLKV, 2011; online verfügbar unter https://clkv.ch/phocadownload/15%20Gruende%20fuer%20die%20Historizitaet%20der%20Genesis.pdf.

Batten, Don / Walker, Tas, *Und was ist mit der Kontinentaldrift?*, Pfäffikon (Schweiz): CLKV, 2023; online verfügbar unter https://www.janash.org/fragen-an-den-anfang.

Batten, Don / Wieland, Carl, *Wie entstanden die Menschenrassen?*, Pfäffikon (Schweiz): CLKV, 2. Auflage 2024; online verfügbar unter https://www.janash.org/fragen-an-den-anfang.

Catchpoole, David, *Was ist mit den Dinosauriern passiert?*, Pfäffikon (Schweiz): CLKV, 2. Auflage 2024; online verfügbar unter https://www.janash.org/fragen-an-den-anfang.

Gitt, Werner, *Fragen, die immer wieder gestellt werden*, Bielefeld: CLV, 29. Auflage 2025; online verfügbar unter https://clv.de/Fragen-die-immer-wieder-gestellt-werden/255127.

Gitt, Werner, *Information – Der Schlüssel zum Leben*, Bielefeld: CLV, 8. Auflage 2023; online verfügbar unter https://clv.de/Information-Der-Schluessel-zum-Leben/256347.

Gitt, Werner, *Schuf Gott durch Evolution?*, Bielefeld: CLV, 11. Auflage 2023; online verfügbar unter https://clv.de/Schuf-Gott-durch-Evolution/255124.

Gitt, Werner, *Vier Naturgesetze der Information: Widerlegung der Evolution durch Naturgesetze*, Wienhausen: Bruderhand Medien, 2022; online verfügbar unter https://bruderhand.de/download/Traktate/PDFs/681020-Vier-Naturgesetze-der-Information.pdf.

Ham, Ken, *Fragen und Antworten zur Wahrheit der Bibel*, Weingarten: Jeremia-Verlag, 4. Auflage 2022.

Ham, Ken, *Fragen und Antworten zur Wahrheit der Bibel*, Bd. 2, Weingarten: Jeremia-Verlag, 3. Auflage 2025.

Ham, Ken, *Fragen und Antworten zur Wahrheit der Bibel*, Bd. 3, Weingarten: Jeremia-Verlag, 2021.

Ham, Ken, *Sechs Tage oder Jahrmillionen?*, Tittmoning: Janash, 2022; online verfügbar unter https://www.janash.org/sechs-tage.

Ham, Ken, *Wie aber werden sie hören?*, Düsseldorf: CMV Hagedorn, 2014.

Ham, Ken / Batten, Don (Hrsg.) / Sarfati, John / Wieland, Carl, *Fragen an den Anfang: Die Logik der Schöpfung*, Bielefeld: CLV, 5. Auflage 2018; online verfügbar unter https://clv.de/Fragen-an-den-Anfang/255279.

Humphreys, Russell, *Belege für eine junge Erde*, Pfäffikon (Schweiz): CLKV, 2015; online verfügbar unter https://www.janash.org/fragen-an-den-anfang.

Kang, C. H. / Nelson, Ethel R., *Erinnerungen an die Genesis*, Düsseldorf: CMV Hagedorn, 2020.

Leisola, Matti, *Evolution – Kritik unerwünscht: Erfahrungen eines Wissenschaftlers*, Holzgerlingen: SCM Hänssler, 2017.

Liebi, Roger, *Arche Noah und ihre Bedeutung für das 21. Jh.*, Amazon, 2024.

Nurre, Patrick, *Das erste Buch Mose – in Stein gemeißelt*, Tittmoning: Janash, 2023; online verfügbar unter https://www.janash.org/in-stein-gemeielt.

Sarfati, Jonathan, *Das Mammut – ein Rätsel der Eiszeit*, Pfäffikon (Schweiz): CLKV, 2017; online verfügbar unter https://www.janash.org/fragen-an-den-anfang.

vom Stein, Alexander, *Creatio*, Lychen: Daniel Verlag, 3. überarbeitete Auflage 2017.

Wieland, Carl / Batten, Don, *In einem jungen Universum entfernte Sterne sehen?*, Pfäffikon (Schweiz): CLKV, 2015; online verfügbar unter https://www.janash.org/fragen-an-den-anfang.

Wiskin, Richard, *Die Bibel und das Alter der Erde*, Freudenstadt: Studiengemeinschaft Wort und Wissen e. V. / Holzgerlingen: SCM Hänssler, 4. Auflage 2003.

Zum Autor

Dr. rer. nat. Markus Blietz wurde 1962 in Starnberg bei München geboren. Er ist verheiratet und hat zwei Kinder.

Nach dem Studium der Allgemeinen Physik an der Technischen Universität München promovierte er am Max-Planck-Institut für extraterrestrische Physik in Garching bei München. Heute arbeitet er als Patentmanager in der Halbleiterindustrie.

2008 fand er zum lebendigen Glauben an Jesus Christus. Bereits 2 Jahre später begann er seine Live-Vortragstätigkeit zum Themenschwerpunkt Bibel und Naturwissenschaft. Er veröffentlicht auch Online-Vorträge und ist redaktionell tätig.

Ken Ham u. a.

Fragen an den Anfang

Die Logik der Schöpfung

288 Seiten, Paperback

ISBN 978-3-89397-279-1

Dieses Buch liefert Antworten auf die zwanzig am häufigsten gestellten Fragen über Schöpfung, Evolution und das 1. Buch Mose. Die Autoren kombinieren wissenschaftliche und biblische Argumentation in gelungener Weise, ohne Faktenwissen und Weltanschauung zu vermischen. Es ist überzeugend fachlich versiert und doch einfach zu verstehen.